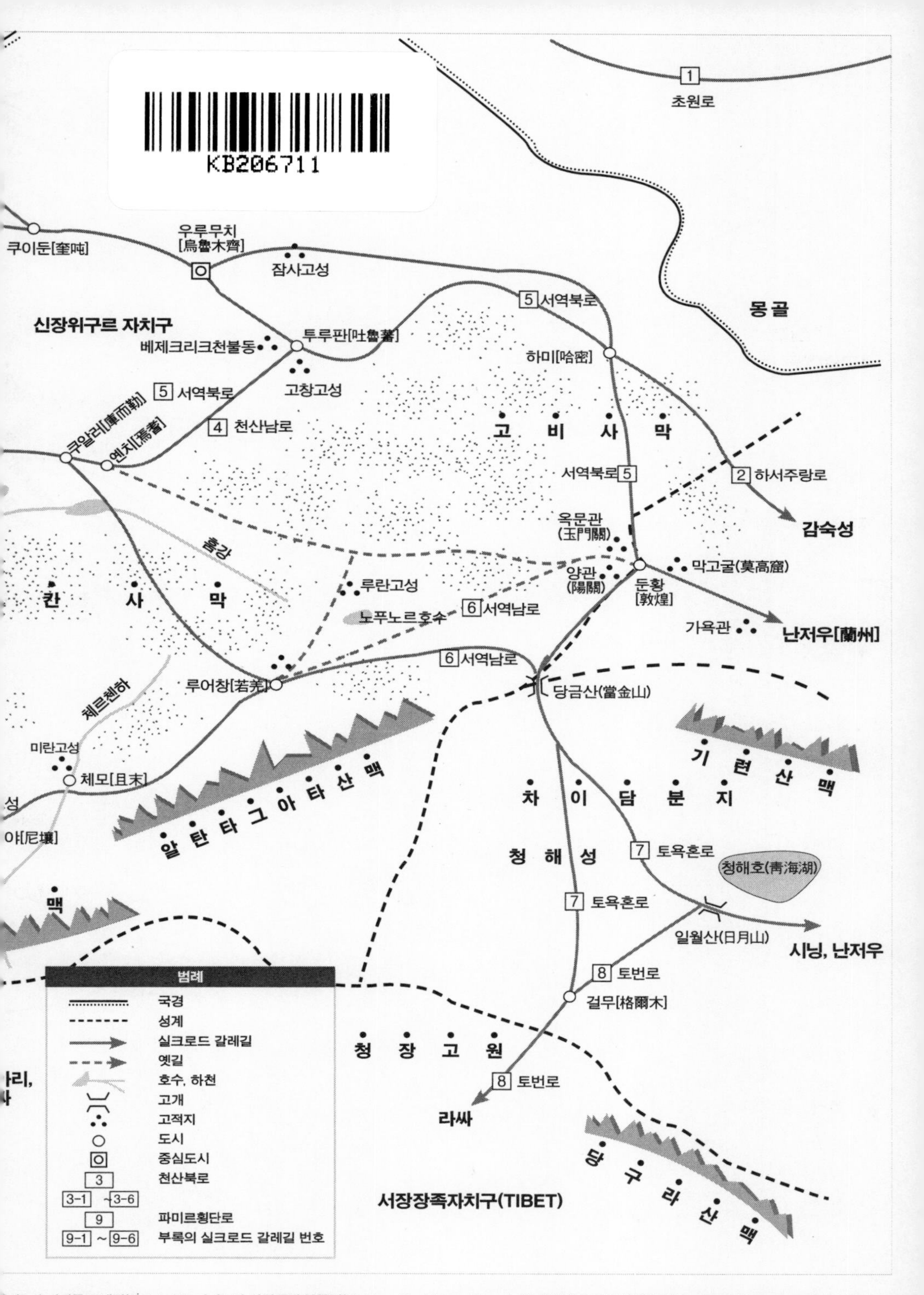

) (9-1) 사리쿨 고개길(Sari-kul Pwy) (9-2) 와칸주랑 북쪽길(Wakhan Corridor north way) (9-3) 와칸주랑 남쪽길(Wakhan Corridor south way) (9-4) 다르트 고개길(Darkot Pwy/ 高仙芝路) (9-5) 쿤제랍 고개길(Khunjerab Pwy) (9-6) 카라코람 고개길(Karakoram Pwy) / 10. 서남아로(西南亞路/ 中東路) (10-1) 우벡의 사마르칸드→부하라(Bukhara)→히바(Kiva)→투르크메니스탄의 메르브(Merv)→파르티아(Parthia)→이란→이라크 메소포타미아 지방→지중해 연안 로마 (10-2) 파키스탄의 폐샤와르(Peshawar)→카이버(Kiber)고개→아프칸 카불→이란→이라크-로마 / 11. 해양로(海洋路)

실크로드 고전여행기

4

대당서역구법고승전

역주자 김규현

서울에서 태어나 성균관대학교(화공과 자퇴)와 해인불교전문강원을 거쳐 베이징의 중앙미술대학, 티베트 라싸의 티베트대학에서 수인목판화와 탕카를 연구하고, 1993년부터 '쌍어문 화두'를 들고 양자강, 황하강, 갠지스강, 인더스강과 티베트고원을 종주하면서 그 여행기를 신문 잡지에 연재하였다.
1997년 강원도 홍천강 '수리재(水里齋)'에 한국티베트문화연구소를 설립하여 우리 문화와 티베트 문화의 연결고리에 관련된 저술에 몰두하여 『티베트의 신비와 명상』(2000), 『티베트 역사산책』, 『티베트의 문화산책』, 『혜초 따라 5만리』(상·하), 『바람의 땅, 티베트』(상·하) 저술하고 한편 국내외에서 개인전 [공간미술관(1989년), 경인미술관, 티베트 라싸예총 초대전] 등을 열었고, 화집으로 〈월인천강별곡(月印千江別曲) 시리즈〉, 〈신다르타의 꿈〉 등에서 다수의 작품을 발표하였다.
또한 근래에는 KBS다큐 〈차마고도〉(6부작), KBS역사기행 〈당번고도〉(2부작), KBS역사스페셜 〈혜초〉(2부작), KBS다큐 〈티베트고원을 가다〉(6부작), MBC다큐 〈샤먼로드〉 같은 다큐를 기획하는 등 리포터 및 고문역을 맡아왔다.

실크로드 고전여행기 4

대당서역구법고승전

1판 1쇄 발행_2013년 02월 25일
1판 2쇄 발행_2023년 07월 10일

역주자_김규현
펴낸이_홍정표
펴낸곳_글로벌콘텐츠
등록_제25100-2008-000024호

공급처_(주)글로벌콘텐츠출판그룹
대표_홍정표 이사_김미미 편집_임세원 강민욱 백승민 권군오 기획·마케팅_이종훈 홍민지
주소_서울특별시 강동구 풍성로 87-6
전화_02) 488-3280 팩스_02) 488-3281
홈페이지_http://www.gcbook.co.kr
이메일_edit@gcbook.co.kr

값 20,000원
ISBN 978-89-93908-63-3 93220

대당서역 구법고승전

다정 김규현 역주

글로벌콘텐츠

의정 순례전도

천산 산맥
#4, #5 서역북로, 천산남로
힌두쿠쉬 산맥
카슈가르
곤륜 산맥
#6 서역남로
청해호(青海湖)
호환
#6 서역남로
카라코람고개
토번국(吐蕃國)
(#9-6) 카라코람로;
현조법사로
히말라야 산맥
라싸
#8 토번로
네팔국;
니파라국(尼波羅國)
카투만두
스라바스티
카필라바스투
산카샤
바라나시
쿠시나가라
파트나
나란다
보드가야
탐룩
인도(印度)
나인국(裸人國)
안다만
니코바르제도
벵 갈 만
스리랑카

하
황
베이징[北京]
시안[長安]
뤄양[洛陽]
소안탑(小雁塔)
당[唐]
강
장
남소국(南詔國)
광저우
[廣州]
대만
해남도
필리핀
인
도
지
나
임읍국
(林邑國)
보루네오
팔렘방
자바섬

[일러두기]

〈실크로드 고전여행기〉 총서의 각 원문은 『고려대장경』(K)과 『대정신수대장경』(T)에 수록된 목록은 다음과 같다.

『구법고승전(求法高僧傳)』 K.1072 (32-732) T.2066 (51-1)
『기귀전(寄歸傳)』 K.1082 (33-672) T.2125 (54-204)
『고승법현전(高僧法顯傳)』 K.1073 (32-749) T.2085 (51-857)
『대당서역기(大唐西域記)』 K.1065 (32-369) T.2087 (51-867)
『일체경음의(一切經音義)』 K.1063 (32-1) T 없음

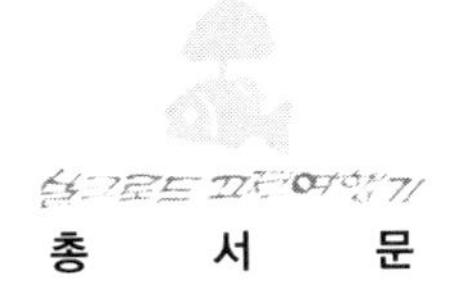

총 서 문

다시 나그네 꿈을 꾸면서…

1. 프롤로그

미지의 세계로 향해 뻗어 있는 길을 걸어가야만 직성이 풀리는, 이른바 역마살(驛馬煞)의 운명을 타고 태어난 사람들이 어찌 한두 명이었겠냐마는, 그들 중의 일부는 그 무지개 꿈을 좇아서 길을 떠났을 것이다. 물론 그들의 DNA 속에는 먼 옛날 호랑이가 담배 피기 이전, 곰이 담배 피던 시절, 아득히 먼 '세상의 지붕'이라는 파미르고원에서부터 샛별을 따라 동쪽으로 동쪽으로 이주해 온 한 노마드(Nomad)민족의 혈통이 잠재해 있었을 것이다.

당시의 여행은 달러($)만 있으면 아무 나라나 갈 수 있는 지금과는 사뭇 차원이 다른 원초적인 상태였을 것이다. 그냥 가는 곳마다 즉석에서 물물교환의 방식이나 또는 엽전이나 물품을 보시(布施) 받아서 필요한 것을 구하면서 다니는 여행이었다. 말하자면 "집 떠나면 개고생"이란 말이 딱 어울리는 그런 시대였다는 말이다.

그들은 대개 실크로드의 본격적인 시발점인 둔황[敦煌] 교외의 서역행의 양대 관문인 양관(陽關) 내지 옥문관(玉門關)으로 나아가 우선 '카라부란'이 불어대는 '사하(沙河)'라는 모래 강을 건너야 했다.

여기서 '카라부란'이란 '검은 바람'이란 뜻으로 사막에서 불어대는 모래바람을 말하는데, 한 번 불기 시작하면 하늘이 보이지 않기 때문에 부쳐진 이름이고, '사하'란 바로 현지어로 '쿰 다리아'인데 '쿰'은 모래를, '다리아'는 강물을 의미하여 '모래가 강물처럼 흐르는 모래의 강'이란 뜻으로 바람에 따라 움직이는 지형을 말한다. 현장법사의 평전인 『대자은전』에는 이에 대해 다음과 같은 기록하고 있다.

온통 모래뿐인데 바람 따라 모이고 흩어진다. 발자국이 남지 않아 길을 잃는 수가 많다. 그래서 그곳을 왕래함에 있어서는 유해(遺骸)를 목표물로 삼는다. 바람이 일기 시작하면 사람 짐승 할 것 없이 눈을 뜨지 못하며 때로는 노랫소리가 들리고 때로는 울부짖는 소리도 듣게 되는데 그것을 듣는 사이 어디로 가는지 모른다. 이렇게 해서 가끔 목숨을 잃는 경우가 많은데, 이는 모두가 악귀의 소행이다.

그들이 만난 첫 관문은 현 지도상으로는 고비사막의 서쪽 끝과 타클라마칸사막의 동쪽 끝에 해당되는 지역으로 둔황의 서쪽의 관문을 지나 옛 선선국(鄯善國)에 이르는 사이에 있는 사막이다.

이제부터 눈앞에 한없이 전개되는 막막한 타클라마칸사막의 넓이와 크기는 우리처럼 좁은 나라에 태어난 사람들은 선뜻 감이 잘 안 잡히는 그런 것으로, 무려 가로 6,000리에 세로가 1,600리나 되는 장방형의 크기이다.

이처럼 우리에게 친근한 '리(里)'라는 단위로 환산해보면 실감이 조금 나기는 하지만, 그 크기의 개념이 안 잡히기는 마찬가지이다.

'타클라마칸'이란 말은 본토인의 위구르어로 "한 번 들어가면 나올 수 없다"라는 뜻인데, 이 말의 행간 속에서 우리는 그들 원주민조차 그 막막한 모래벌판에서 느끼는 두려움을 엿볼 수 있다 하겠다.

아무튼 그들 순례승들은 살아 돌아올 기약이 없는 사막 속으로 스스로의 목숨을 담보로 맡겨 놓고 들어가야만 했다. 이렇게 사막을 건너서부터 시작해야 하는 일반적인 순례승들이 겪어야 하는 통과의례적인 고생담을 요약한 5세기 초의 석담무갈(釋曇無竭) 일행의 여행담의 한 구절을 보면 그들이 치러야 하는 행동은 생명줄과 거의 이어져 있음을 알 수 있게 한다. 구원의 손길이란 자신들이 믿는 불보살의 명호뿐이었다.

특히 대협곡을 건너갈 때와 대설산을 넘을 때의 광경은 읽는 이의 손에 땀을 쥐게 하기에 충분할 정도이다.

설산의 독기(毒氣)는 1,000겹으로 겹쳐 있고, 층층이 쌓인 눈과 얼음은 만 리에 뻗쳐 있으며, 아래로는 큰 강이 쏜살같이 흘러내려갔다. [강을 건널 때는] 동쪽과 서쪽의 두 산허리에 굵은 줄을 매어 다리로 삼아서는 열 사람이 일단 건너가 저쪽 기슭에 도착하면 연기를 피워서 뒷사람은 이 연기를 보고 앞사람이 이미 도착했음을 알아 비로소 다시 나아갔다. 만일 오랫동안 연기가 오르지 않으면, 사나운 바람이 그 줄을 흔들어 사람이 강물 속으로 떨어졌음을 비로소 알 수 있었다.

설산을 넘은 지 3일이 지나 다시 대설산(大雪山)에 올랐다. 깎아지른 듯한 절벽에는 어디에도 발 디딜 곳이 없었지만, 절벽에는 모두 곳곳에 오래된 말뚝 구멍이 서로 마주 대하고 늘어 서 있었기에 한 사람이 각각 네 개의 말뚝을 쥐고서는 먼저 아래의 말뚝을 뽑아, 손으로 위의 말뚝을 움켜잡고 계속해서 서로 바꿔가며 기어 올라가서 그렇게 하루를 지내고서야 가까스로 대설산을 넘어왔다. 평지에 도착하여 서로 점검해보니 도반 열두 명을 잃었다.

끝없는 사막과 대협곡과 대설산을 넘어서 천축에 도착했다고 해서 안전한 것만은 아니었던지….

차차 사위국(舍衛國)에 이를 무렵, 들판에서 산 코끼리 한 떼를 만났다. 그들은 관세음보살의 명호를 부르고 신명을 다하여 가르침에 귀의하자 곧 수풀 속에서 사자가 튀어나와, 코끼리떼가 놀라 어쩔 줄을 모르며 달아났다. 또 뒤에 항하(恒河/ 갠지스강)를 건너서 또 들소 한 떼를 만났는데, 으르렁거리며 달려들어 막 사람을 해치려하였다. 그들은 귀의하기를 처음과 같이 하였더니 이윽고 커다란 솔개가 날아올라 들소들이 놀라 흩어져서 드디어 벗어날 수 있었다.

이렇듯 모든 순례승들의 행로는 내일을 기약할 수가 없었지만, 그들은 그런 두려움을 떨쳐내고 떠났던 것이다. 여기서 '떠났다'는 의미는 어떤 신념이나 열정이 있었기에 가능했던 일이었겠지만, 하여간 그들은 하나밖에 없는 목숨을 담보로 맡겨놓고 스스로를 채찍질하며 스스로의 열정을 불태우며 그 유서 깊은 길 위를 걸어갔을 것이다.

물론 그들 중 기록을 남기지 않은 무명의 나그네들이 얼마나 되는지는 알 수는 없지만, 그 중에서 중화권의 입축구법승(入竺求法僧)의 통계수치를 보면 3~11세기까지 약 180여 명에 달하는 이름이 확인되고 있다. 그러나 아쉽게도 그들은 여행기라는 기록유산을 남기지 않았기에 크게 주목을 역사의 뒤안길로 점차로 사라져 갔다. 그런 면에서 이번 〈실크로드 고전여행기〉에 주인공들은 행운아인 셈인데, 그 이유는 기록을 남겨 놓았기 때문일 것이다.

5세기의 법현(法顯)은 하얀 백지였던 그길 위로 첫 발을 내딛었고, 6세기 위(魏)나라의 송운(宋雲)과 혜생(惠生)은 시대적 공백기의 가운데서 귀중한 서역여행기를 남겼고, 7세기에 들어와서는 현장

(玄奘)이 18년의 고행 끝에 장안성(長安城)으로 돌아와서 대하기행기 『대당서역기(大唐西域記)』를 남겨 커다란 족적을 남겼고, 그리고 해양실크로드의 백미인 『대당서역구법고승전(大唐西域求法高僧傳)』이 의정(義淨)에 의해 써졌고, 8세기에는 우리나라의 자랑거리인 신라의 혜초(慧超)가 역시 그 길을 따라 떠나서 실크로드의 심장부를 지나 저 멀리 아라비아 근처까지 다녀와 대미를 장식하면서 인류역사의 하늘 위에 찬연히 빛나는 별이 되어 지금까지 빛나고 있다.

2. 새로운 패러다임으로서의 실크로드

'비단길'이라고 하면 그 말 자체로서는 한 없이 부드러운 느낌을 주는 것이 사실이지만, 사실은 이 길은 험난하기 짝이 없는 길로 타클라마칸(Taklamakan)이라는 대사막을 동서남북으로 이어지는 여러 갈래의 길을 주축으로 하는 길이다.

푸른 하늘에 우뚝 솟아 있는 천산산맥의 드넓은 기슭 여기저기에는 오아시스 무리들이 여기저기 흩어져 있는데, 어떤 이의 표현대로, "이들을 하늘에서 내려다보면, 아마도 황갈색 융단 위에 눈부시게 빛나는 초록색의 보석을 아로새긴 것"같이 보인다고 한다. 이 보석 같은 오아시스를 잇는 길이 바로 '오아시스길'이고 '실크로드'이며 '서역남·북로'인 것이다.

'실크로드(Silk Road/ 絲綢之路)'란 용어는 1877년 독일의 지리학자 리히트호펜(F. v. Richthofen)이 동서양을 잇는 '고대의 국제교역로'를 '비단'이라는, 당시의 주된 교역물품에 초점을 맞추어 명명한 '자이덴 슈트라세(Seiden strasse)'라는 학술용어인데, 영어로 번역되어 폭 넓게 쓰이게 되면서 세계화되었다. 후에는 중원의 순례승들이 이 길을 이용하여 인도를 드나들었기에 구법로(求法路)로서의 기능도 함께 지니게 되어 문화사적으로도 큰 의미를 더하였다.

사실 실크로드는 오래전부터 이미 어떤 부류의 사람들에게는 가슴속의 무엇인가를 들끓게 하였던 말이었지만, 이제는 우리 주위에서도 새삼스러운 것이 아닐 만큼 익숙해졌다. 그 이유 중에 하나는 2010년 말부터 전국의 국립박물관에서 연이어 열렸던 일련의 〈실크로드와 둔황〉이라는 전시회도 한 몫을 했을 것이다. 그 때 우리는 그 동안 희미한 사진으로만 보아왔던, 파리박물관에 소장되어 있던 『왕오천축국전』의 원본도 볼 수 있는 행운도 맛보았다. 그만큼 실크로드는 부쩍 우리 가까이에 들어와 있다고 하겠다.

그러나 이제는 과거 유라시아 대륙에서 명멸했던 여러 문화들의 형성과 발전과 변용의 산물인 이 실크로드를 새로운 시대의 패러다임으로 볼 때가 되었다. 사실 한동안 문화는 서쪽에서 동쪽으로 흘러온 것 같은 일방통행이었지만, 동아시아 새로운 도약에 의해 이제는 새로운 소통로의 정립이 필요한 때가 되었고, 그러기 위해서는 옛 길에서 다시 새 길을 찾아야 하는 방법도 그 대안 중에 하나이리라….

3. 불교의 동점(東漸)과 그 주역들

인도 대륙이라는 철학적 나라에서 생겨나고 발전된 불교는 기존의 노장(老莊)사상이나 유가적 가치기준에 젖어 있던 중원 대륙의 중국인들에게는 이질적이고 파격적일 수밖에 없었다.

그러나 자비와 인간평등이라는 보편타당성 있는 불교적 아이콘은 붉은 순교의 피바람도, 기존 가치관과의 큰 마찰도 없이 무사히 중국 대륙에 연착륙하게 하였고, 나아가 자생화하면서 선종(禪宗)

이라는 이질적인 새로운 종파까지 생겨나게 만들었다.

고대로 올라갈수록 종교가 '문화를 실어 나르는 배' 노릇을 충실히 했다는 것은 이미 역사적으로 증명된 사실 중 하나이다. 인도에서 전래된 불교는 전래 초기에는 나라와 절대왕권을 수호하는 호국종교로서 정치권력과 밀접한 관계를 유지하면서 동양권 전체에서 커다란 변혁을 일으키는 패러다임으로 물질과 정신 양면에서 중생의 삶의 질을 향상시키는 중요한 역할(공헌)을 하였다.

당시 승려는 가람 안에서는 불교라는 종교의 성직자이기도 했지만, 밖에서는 국제교류의 명예대사 역할도 함께 수행한 선진적 행동가였기도 하였다. 그것은 당시 그들이 이른바 '외국물'을 먹을 기회가 있는 유일한 집단이었기에 가능했던 일이었다.

그들은 당나라 이전 기원전 한(漢)나라 때부터 개척된 파미르고원을 넘고 열사의 사막을 건너는, 여러 지류의 실크로드를 통해 교역을 하던 대상들 틈에 섞여 인도와 중원을 드나들면서 동서양의 문화와 종교의 물꼬를 터놓았다. 처음 몇 안 되던 그들의 숫자가 늘어남에 따라 불교의 전래는 동서양의 소통이라는 거대한 흐름에 가속도를 붙게 만들었다.

앞에서 이미 그 물줄기를 주도했던 주역들이 오늘의 주인공들인 5명의 순례승만이 아닐 것이라는 점을 강조한 바 있다. 법을 위해 몸을 바치는 '위법망구(爲法忘軀)'적 자세로 사막을 건너 파미르고원을 넘어 동서양을 넘나들던 순례승들이 어디 한두 명이었으랴….

불교의 동점을 따라 서쪽에서 동쪽으로 건너온 서역출신의 역경승부터 꼽아보자면, 불교전래 초기에 멀리 중앙아시아 깊숙한 곳인 안국(安國/ Bukhara)에서 불원천리 중원 대륙으로 찾아온 안세고(安世高)와 대월지족(大月氏族) 출신의 지루가참(支婁迦讖)을 비롯하여 4세기 초에 중국에 들어와 극심하였던 정치적 혼란을 불교의 힘으로 구하려고 포교에 몸 바쳤던 불도징(佛圖澄)과 그의 제자 도안(道安), 도안의 제자 혜원(慧遠), 각현(覺賢) 그리고 중부 인도 출신의 담무참(曇無讖) 등과 5세기 초에 타클라마칸사막의 중심부에 있는 구자(龜玆) 출신의 구마라집(鳩摩羅什)은 불경번역에 새로운 전환기를 이룩하면서 불교문화의 총아인 만다라꽃을 만개시켰다. 그리고 후에 당나라 중기에 들어와서는 밀교의 수입에 따른 역경승들인 선무외(善無畏)·금강지(金剛智)·불공(不空) 등도 각기 불교사의 하늘에 반짝이는 별들이다.

이렇듯 불경의 역경사업이 진행되어 불교의 '데이터베이스(DB)' 작업이 마무리되자, 이번에는 불교의 토착화가 진행되었다. 바로 백가쟁명의 종파들의 탄생을 말하는데, 그 결과 불교라는 이질적 종교가 중국 대륙 전체의 민중의 혈관 속에까지 깊이 스며들게 되었던 것이다. 그들이 바로 특색 있는 종파를 세운 인물—수대(隋代)에 천태종을 세운 지의(智顗), 삼론종(三論宗)을 세운 가상사 길장(嘉祥寺 吉藏), 삼계교(三階敎)를 세운 신행(信行)—을 비롯하여 당(唐)에 이르러 염불종(念佛宗)을 세운 도작(道綽), 선도(善導), 남산율종(南山律宗)의 도선(道宣), 선종의 신수(神秀), 혜능(慧能), 법상유식종(法相唯識宗)의 현장(玄奘), 화엄종의 법장(法藏) 등이다.

한편 중원 땅에서도 직접 천축으로 가서 불교, 불경을 직수입하려는 움직임이 일어났는데, 바로 오늘의 주인공들인 다섯 명의 입축구법승(入竺求法僧)들을 비롯한 일단의 입축순례승들로서 그간 일방적으로 주고, 받았던 관계에서 벗어나 동서양을 잇는 참된 의미의 소통로가 마침내 이들에 의해서 완성된 것이다.

4. 본 여행기총서의 특징

우리말로 옮겨 놓았다는 번역물을 재삼 읽어보아도 무슨 뜻인지 알 수가 없다면 번역의 의미가 별로 없을 것이다. 모름지기 '번역'이란 원저자가 전하고자 하는 요점을 번역자가 잘 파악하여 제3의 언어로 정확하게 오롯이 옮기는 작업이지만, 원문의 지나친 집착은 오히려 별 도움이 되지 않을 때도 있을 것이다. 그런 함정에 빠지지 않고 번역을 하려면 우선 번역자로서의 기본적인 소양과 경험이 필요할 것이라는 것은 새삼 강조되지 않아도 될 것이다. 더구나 고전 원문에 토(吐)나 역주(譯註)를 다는 작업은 '제2의 저술'이니만큼 그런 덕목이 더 필요한 작업이니 더욱 그러하다.

그러나 고전을 번역하는데, 무엇보다 필요한 덕목은 시대정신을 담아내는 것이라 하겠는데, 그러하자면 우선 고대 언어를 우리 시대 나아가 미래까지 담을 수 있는 언어로 옮겨 놓아야 한다.

선입견이 문제일 뿐이지, 고전이 모두 고리타분한 것은 아니다. 오늘날 수많은 고전들이 서고에서 먼지만 뒤집어쓰고 있는 현실은, 요새 자주 쓰이는 인터넷 용어처럼 시대적으로 업그레이드하지 않은 탓 때문일 것이다. 새로운 패러다임으로 해석하기 나름으로 고전이 화려하게 서가(書架)의 앞자리로 되돌아올 수 있다는 증거를 최근 우리는 여러 번 경험한 적이 있다. 이와 같은 뜻을 살리기 위해서 본 〈실크로드 고전여행기〉(총서)에서는 다음과 같은 특징을 살려보고자 노력하였다.

1) 고전여행기의 전집화

『대당서역기』 및 실크로드와 인도여행기 등 다섯 종을 한 질로 묶어 〈실크로드 고전여행기〉(총서)로 출간하려는 백과사전적 대하기획이라는 점이 우선 꼽을 수 있는 특징 중의 하나이다.

인류역사상 최대의 여행기로 꼽는 7세기 현장(玄奘)법사의 순례의 혼이 깃든 대하 『대당서역기(大唐西域記)』를 비롯하여, 우리나라의 자랑거리인 8세기 신라 혜초(慧超)의 『왕오천축국전(往五天竺國傳)』, 그리고 최초의 인도 구법여행기인 5세기 법현(法顯)의 『불국기(佛國記)』, 그리고 해양실크로드의 백미인 8세기 의정(義淨)의 『서역구법고승전(西域求法高僧傳)』과, 위의 여행기들의 시대적 공백을 이어준 6세기 송운(宋雲)의 『송운행기(宋雲行記)』 등 5대 고전여행기를 한 질로 묶는 기획을 하였다.

그 이유로는 이 방면에 관심을 갖는 독자들과 연구자들에게 가장 불편하였던 점이 방계 자료들이 분산되어 효과적으로 검색하기가 어려웠다는 점이었는데, 그렇기에 그것들을 편리하게 비교·검색할 수 있게 데이터베이스(DB) 작업화한다는 것은 또 다른 시대적 요구라고 생각된다.

2) 고전여행기의 지도화

모든 고전여행기가 후인들을 위한 가이드북의 성격을 띤 것이란 점은 그 누구도 부인할 수 없는 사실이다. 또한 여행의 의미를 한결 업그레이드한 테마여행은 이미 현대를 넘어 미래지향적인 붐을 이룬지 오래 되었다. 이런 두 가지 의미에서 본다면 여행기라는 고전은 과거가 아니라 미래지향적 테마여행의 중요한 텍스트라는 공식이 성립된다. 문제는 어떻게 고전을 업그레이드하느냐 하는 것이다.

그 해답의 하나로, 옮긴이는 지난 20년여 년 동안 5대 여행기의 체취가 묻어 있는 세계 구석구석을 누비옷을 누비듯이 두 발로 다니며 다양한 자료를 모아가며 이론의 여지가 있는 문제의 현장을 발로 확인하여 마침내 큰 의미가 있는 지도와 도표를 만들어 고전 여행기를 가이드북화하려고 노력하였다.

그래서 기존의 고작 두세 가지였던 실크로드를 더욱 세분하여 큰 간선으로는 11루트, 작은 지류로는 22갈래로 분류하여 자세한 설명을 부치고 이를 다시 〈실크로드 갈래길 총도〉와 〈파미르고원 횡단도〉로 만드는 성과를 이루어 이번 여행기에 처음 공개하게 되었다.

특히 파미르고원을 넘나드는 루트는 옛부터 실크로드의 여러 갈래 길에서 가장 백미에 해당되는 것으로 우리의 혜초사문과 현장법사를 비롯한 수많은 순례승들의 체취가 진하게 배어 있는 비중 있는 곳임에도 불구하고 역사상 그 누구도 아직까지 속 시원하게 밝혀내지 못한 채 지금에 이르렀기에 더욱 그 의미가 깊다고 하겠다.

3) 고대 지명의 코드화

옮긴이의 풍부한 현지답사의 경험을 살려 난해한 원문의 지명을 현재의 지명과 함께 병기하여 가이드북으로서의 기능을 더욱 업그레이드하였다. 또한 모든 나라이름은 지도와 같은 숫자로 코드화하고 또한 각주에서는 5대 여행기를 교차적으로 비교하여 독자들이 고전 여행기를 읽을 때 만나게 되는 혼란을 한결 가볍게 해주었다는 점도 특징의 하나로 꼽을 수 있다.

예를 들면, 제목 색인표의 〈1-2. 쿠차(庫車/ Kucha/ 굴지국/ 屈支國)〉라는 제목은 〈『대당서역기』 권1 2장/ 현대 한글명/ 현대 원어명/ 현지 영어명/ 고전 한글명/ 고전 원어명〉을 뜻하고 이 코드의 숫자는 또한 지도명의 숫자와 일치하기에 독자들은 일목요연하게 필요한 부분을 마치 온라인에서 검색하듯이, 다양한 검색어로 쉽게 찾아볼 수 있게 하였다.

5. 에필로그

실크로드와 유라시아 그리고 인도와 중국 대륙의 서부는 새로운 패러다임의 배낭여행지로 각광을 받고 있는지가 오래되었다. 눈이 질리도록 인상적인 자연풍경을 구경할 수도 있고 다양한 원주민들과 만나 함께 먹고 마시며 그들의 생활을 접하면서 문화적 충격도 경험해볼 수도 있다. 바로 그런 것들이 획일화된 문화에 식상해 일탈을 꿈꾸는 나그네를 유혹하고 있는 것이다

한 조각 뜬 구름 같이 구름나그네가 되어 서역으로 난 옛 말발굽 자국을 따라가는 것은 수천만 화소(畵素)의 무한정한 용량을 가진 우리들의 가슴속에 영원히 잊혀지지 않을 인상적인 영상을 저장하는 작업, 바로 그것일 것이다.

1,600년 전 64세의 노구를 끌고 실크로드를 따라 서역 만 리 길을 떠났다가 13년 동안 30여 개국이나 돌아다니다 살아 돌아온 법현(法顯)사문이 우리 후손들에게 주는 메시지는 선문답처럼 아주 간단하다.

"젊은 친구! 아직 늦지 않았다네."

자, 이제 한 권의 고전을 옆에 끼고 다시 흰 구름을 따라 길 떠날 때가 되었다. 항상 새로운 길을 찾아 떠나는 역마살의 마니아들 앞에 삼가 이 책을 헌정하며 강호제현의 질정을 바란다.

2012년 초봄 핏빛 같이 붉은 석류화(石榴花)가
피어나는 서역만리로 길 떠날 차비를 하면서
수리재 설역서고(雪域書庫)에서
다정거사 두 손 모음

대당서역구법고승전 해제

승려 60여 명의 행적을 기록한 7세기 50년의 대하기록

—해양 실크로드의 백미—

대제국 당나라의 체취가 아직도 아련히 배여 나오는 듯한 시안[西安], 즉 옛 장안성(長安城) 동남쪽 교외에는 2천여 년의 고도를 굽어보는 웅장한 스투파 하나가 솟아 있다.

바로 652년 삼장법사(三藏法師) 현장(玄奘, 602~664)이 천축에서 가져온 불경을 번역·보관하기 위해 당 태종(太宗)이 대자은사(大慈恩寺)에 세운 7층 전탑(塼塔)인 대안탑(大雁塔)이다.

당 태종(太宗)이 대자은사(大慈恩寺)에 세운 7층 전탑(塼塔)인 대안탑

또한 시내로 들어오면 또 하나의 웅장한 스투파가 역시 쌍벽을 이루며 우뚝하게 솟아 있는데 바로 소안탑(小雁塔)[1]이다. 지금은 시민공원으로 변한 옛 천복사(薦福寺)[2] 경내에 있는 전탑으로 의정(義淨, 635~713)[3]사문이

의정삼장이 25년 동안 인도를 세 차례 왕복하면서 가져온 불경을 번역하여 보관했던 천복사 소안탑 전경

뱃길로 천축에서 가져온 경전을 번역·보관하기 위해 조성한 탑이

---

1) 장안의 중심지인 鐘樓·鼓樓에서 멀지 않은 곳에 있어서 시내 어디서나 올려다보인다. 707~709년 동안에 건립된 전탑으로 처음에는 15층 탑이었으나 지진으로 2층이 무너지고 相輪 부분도 없어져서 지금은 13층으로 약 43m가 남아 있다. 대안탑이 남성적인 데 비해 소안탑은 여성적인 아름다움으로 평가 받고 있다. 그 아래에 천복사가 있지만 승려들은 없다.

2) 서안시 남쪽 교외에 있는 불교 사원으로 원래 중종 이광이 즉위하기 전에 살았던 저택으로, 684년 병으로 승하하자 안녕을 기원하기 위해서 무측천이 건립한 헌복사가 그 시작이다. 경용 중에는 소안탑이 건립되었다. 후에 우리의 혜초사문도 이 절에서 역경에 종사하면서 오랜 세월 살았던 곳이다.

3) 산동성 출생으로 어려서 출가하여 37세 때 인도 여행에 뜻을 두어 당 고종 2년(688) 광저우[廣州, 廣東] 출발해 팔렘방에 도착하여 다음 해 다시 인도로 들어가 나란다사원에서 불교학을 터득하고, 10년을 순례한 후 688년 귀로에 팔렘방에서 2년을 머물다가 우연히 중국행 배에 올랐다가 파도로 하선하지 못하여 중국으로 갔다가 다시 팔렘방으로 돌아와 6년을 머무르다가 694년 광주로 돌아왔다.

귀국할 때는 약 400부의 산스크리트 불전(佛典)을 가지고 돌아와 낙양과 장안에서 번역에 종사하여 『금광명최승왕경(金光明最勝王經)』·『근본설일체유부비나야(根本說一切有部毘奈耶)』 등 모두 56부 230권을 번역하였는데, 특히 근본·일체유부에 관한 제율전(諸律典)의 번역 및 소개에 힘을 기울였다. 또한 본 역주서의 대본인 『구법고승전』 2권과 『남해기귀내법전』 4권을 저술하여 7세기 후반의 인도·동남아시아 여러 나라의 불교 사정이라든가 사회를 알 수 있게 해주었다.

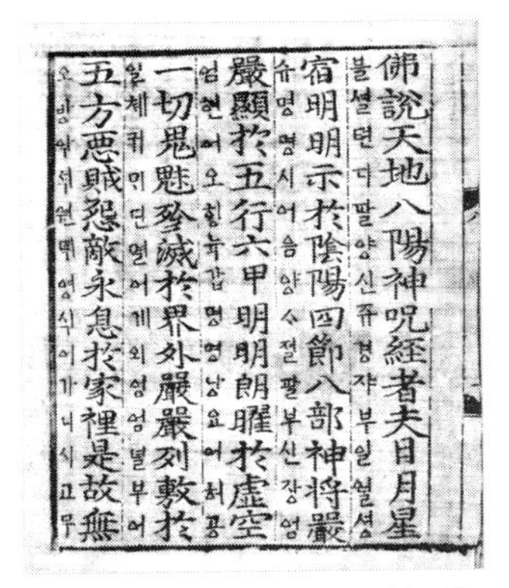

佛說天地八陽神呪經者夫日月星
불셜텬디팔양신쥬경쟈부일월셩
宿明明示於陰陽四節八部神將嚴
슉명명시어음양ᄉ졀팔부신쟝엄
嚴顯於五行六甲明明朗曜於虛空
엄현어오힝뉵갑명명낭요어허공
一切鬼魅殄滅於界外嚴嚴列敎於
일톄귀미딘멸어계외엄엄녈교어
五方惡賊怨敵永息於家裡是故無
오방악적원뎍영식어가리시고무

의정의 『불설팔왕경』 한글 현토본

의정의 『법어교본』

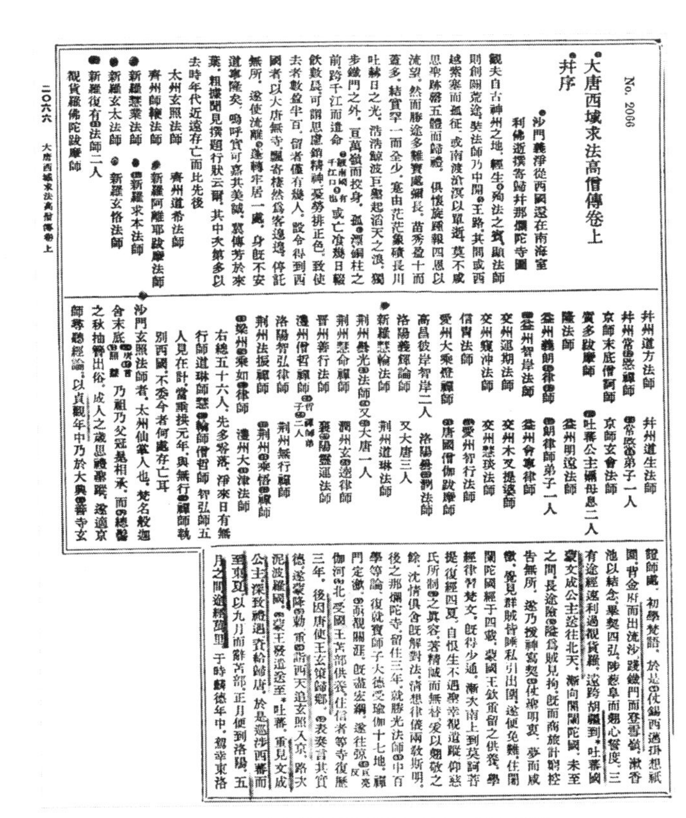

No. 2066

大唐西域求法高僧傳卷上

幷序

沙門義淨從西國還在南海室利佛逝撰寄歸幷那爛陀寺圖

觀夫自古神州之地，輕生殉法之賓，顯法師則創闢荒途，奘法師乃中開王路。其間或西越紫塞而孤征，或南渡滄溟以單逝，莫不咸思聖跡罄五體而歸禮，俱懷旋踵報四恩以流望。然而勝途多難，寶處彌長，苗秀盈十，蓋多結實罕一而全少。寔由茫茫象磧，長川吐赫日之光，浩浩鯨波，巨壑起滔天之浪。獨步鐵門之外，亘萬嶺而投身，孤漂銅柱之前，跨千江而遣命。或亡飡幾日，輟飲數晨，可謂思慮銷精神，憂勞排正色。致使去者數盈半百，留者僅有幾人。設令得到西國者，以大唐無寺，飄寄棲然，爲客遑遑，停託無所，遂使流離蓬轉，牢居一處，身既不安，道寧隆矣。嗚呼，實可嘉其美誠，冀傳芳於來葉。粗據聞見，撰題行狀云爾。其中次第多以去時年代近遠存亡而比先後。

太州玄照法師　齊州道希法師
齊州師鞭法師　新羅阿離耶跋摩法師
新羅慧業法師　新羅求本法師
新羅玄太法師　新羅玄恪法師
新羅復有二法師二人
覩貨羅佛陀跋摩師
幷州道方法師　幷州道生法師
幷州常愍禪師　常愍弟子一人
京師末底僧訶師　京師玄會法師
質多跋摩師　吐蕃公主嬭母息二人
隆法師　益州明遠法師
益州義朗律師　朗律師弟子一人
益州智岸法師　益州會寧律師
交州運期法師　交州木叉提婆師
交州窺沖法師　交州慧琰法師
信胄法師　愛州智行法師
愛州大乘燈禪師　唐國僧伽跋摩師
高昌彼岸智岸二人　洛陽曇潤法師
洛陽義輝論師　又大唐三人
新羅慧輪法師　荊州道琳法師
荊州曇光法師　又大唐一人
荊州慧命禪師　潤州玄逵律師
晉州善行法師　襄陽靈運法師
澧州僧哲禪師　僧哲弟子二人
洛陽智弘律師　荊州無行禪師
荊州法振禪師　荊州乘悟禪師
梁州乘如律師　澧州大津法師

右總五十六人。先多零落，淨來日有無行師道琳師慧輪師僧哲師智弘師五人見在。計當垂拱元年，與無行禪師執別西國，不委今者何處存亡耳。

沙門玄照法師者，太州仙掌人也，梵名般迦舍末底(唐言照慧)。乃祖乃父冠冕相承，而總髮之秋抽簪出俗，成人之歲思禮聖蹤，遂適京師尋聽經論。以貞觀年中乃於大興善寺玄證師處，初學梵語。於是仗錫西邁，掛想祇園，背金府而出流沙，踐鐵門而登雪嶺，漱香池以結念，畢契四弘，陟葱阜而翹心，誓度三有。途經速利，過覩貨羅，遠跨胡疆，到吐蕃國。蒙文成公主送往北天，漸向闍闌陀國。未至之間，長途險隘，爲賊見拘，既而商旅計窮，控告無所，遂乃援神寫契，仗聖明衷，夢而感徵，覺見群賊皆睡，私引出圍，遂便免難。住闍闌陀國，經于四載，蒙國王欽重，留之供養。學經律，習梵文。既得少通，漸次南上，到莫訶菩提，復經四夏。自恨生不遇聖，幸覩遺蹤，仰慈氏所制之真容，著精誠而無替，爰以翹敬之餘，沈情俱舍，既解對法，清想律儀，兩教斯明。後之那爛陀寺，留住三年，就勝光法師中百等論，復就寶師子大德受瑜伽十七地。禪門定潵，亟覩關涯。既盡宏綱，遂往弶伽河北，受國王苫部供養，住信者等寺，復歷三年。後因唐使王玄策歸鄉，表奏言其實德，遂蒙降敕，重詣西天，追玄照入京。路次泥波羅國，蒙王發遣，送至吐蕃，重見文成公主，深致禮遇，資給歸唐。於是巡涉西蕃而至東夏，以九月而辭苫部，正月便到洛陽，五月之間，途經萬里。于時麟德年中，駕幸東洛

二〇六六　大唐西域求法高僧傳卷上

신수장경본의 『대당서역구법고승전』 목차 부분

25년 동안을 바다와 인도에서 보낸 의정삼장의 초상화

다. 현재도 몇 차례 지진에 상륜부가 좀 무너지긴 했지만, 아직도 보면 볼수록 웅장하고 단아한 자태가 돋보이는 탑이다.

물론 이 탑의 주인은 의정삼장이지만, 그가 지은 『대당서역구법고승전(大唐西域求法高僧傳)』(이하 약칭 『구법고승전』이라 부르기로 한다)이라는 누렇게 빛이 바란 문헌도 융숭한 대접을 받을 자격이 있다. 이 책은 당나라 때 현장으로부터 의정 자신 대에 이르기까지 약 50년 동안 인도로 구법 여행을 떠났던 여러 명의 승려들의 행로와 주변 정황들을 주인공들의 출신지를 강조하여 순서적으로 편집한 전기이다.

요새 말로 하자면 의정이 리포터가 되어 직접 인터뷰했거나, 간접적으로 전해 들은 내용을 스스로 기록했다고나 할까?

이 속에는 56명에 이르는 순례승들의 프로필이 담겨 있는데, 혜륜(慧輪)사문을 비롯한 무려 7명에 달하는 해동의 순례승들도 포함되어 있다는 점이 우리들에게 특별히 의미가 깊다고 하겠다.

또한 의정은 25년 동안 보고 들은 해양 실크로드의 모든 것을 기록하여 『남해기귀내법전(南海寄歸內法傳)』[4](이하 『기귀전』이라 부르기로 한다)이란 이채로운 책도 저술하여 짝을 이루고 있다.

---

4) 모두 4권으로 되어 있는데, 인도와 동남아시아 여러 나라의 승려들이 지키던 일상적인 계율에 대해 쓴 책으로 『십송률(十誦律)』과 그 내용이 대체로 비슷하다. 서문에는 당시 각 나라에서 유행하던 불교의 여러 종파에 대한 소개도 곁들이고 있다. 이 책은 의정이 인도에서 중국으로 돌아오는 길에 수마트라섬에 머무는 동안 쓴 것으로 이때 함께 편집한 『대당서역구법고승전』 2권과 번역한 경론(經論) 10권을 모두 대진선사(大津禪師)에게 맡겨 보낸 것이기 때문에 『남해기귀내법전』이라 이름 지어졌다.

의정사문의 출가 이전의 프로필은 전해지는 것이 별로 없지만, 다만 산동성 출신으로 어려서 출가해서 처음에는 율장(律藏)을 탐구했다고 하나 채워지지 않는 빈 가슴을 채우기 위해 천축행을 하기로 마음을 굳히고 페르시아의 무역선에 편승하여 천축으로 떠난 것은 당 고종(高宗) 함형(咸亨) 2년(672) 11월 1일이었다. 그의 나이 37세 때의 일이었다고 한다.

그의 천축행의 동기부여는 그보다 33년 연상의 현장법사의 성공적인 천축행에서 촉발되었다고 여겨진다. 요즘 말로 하자면 현장은 의정의 '역할모델(Role model)'이었던 셈이다. 당시 현장의 천축에서의 금의환향은 온 나라 사람들을 서역풍으로 젖어들게 하였기에 승려들의 천축으로의 순례는 거의 신드롬을 이룰 정도였다.

그런데 여기서 하나의 의문이 고개를 들지 않을 수 없다. '왜? 의정이 현장처럼 육로를 택하지 않았을까?' 하는 문제이다.

결론적인 이야기지만 의정이나 혜초사문이 해로를 통해 천축으로 향한 것은 당시의 육로 실크로드 통행의 열쇠를 쥐고 있는 토번(吐蕃)과 당나라가 이를 놓고 치열한 헤게모니 쟁탈전을 벌이고 있었기 때문이다.

천축행의 동기부여가 되었던 현장법사 동상

7세기 당 태종 당시에 설역고원에는 토번 왕조의 다크호스인 송첸감포(617~650)왕이 일어나서 전국토를 통일한 다음 그 세력을 몰아 기존 실크로드의 목줄기에 해당되는, 현 청해(青海) 지방과 서역제국에까지 위

라싸 포탈라궁전 안에 안치된 문성 공주의 소상

협을 가하게 되자 당 태종은 실크로드의 통행보장과 수(隨)나라부터 이어 내려온 과제였던 고구려 정벌을 위해 후방의 불안요소를 없애고자 641년 자기의 수양딸 문성(文成, ?~680)[5] 공주를 송첸감포에게 출가시키게 된다.

그런 정략결혼의 결과물의 하나로 이른바 '토번로(吐蕃路)'[6]라는 낯선 이름의 새로운 루트가 생긴 것이다. 원래 중원과 인도, 그리고 서역으로의 옛 교통로는 타클라마칸사막을 건너 파미르고원을 넘는 이른바 실크로드가 전통적인 통로였지만, 이런 정략적인 배경으로 빠르고 안전한 루트가 뚫린 것이었다.[7]

토번의 요구에 의해 먼저 네팔의 부리쿠티 공주가, 뒤이어 역시 당의 공주가 토번왕실로 들어왔다. 그렇게 하여 자연스레 두 공주

---

5) 당 태종의 양녀이며 종실 이도종(李道宗)의 친녀인 문성 공주는 정관(貞觀) 15년(641)에 정략결혼으로 토번왕국으로 시집 와서 40년 동안 중국 불교와 문화를 토번에 전래하는 데 노력하였다고 티베트의 역사는 그녀를 칭송하고 있다. 특히 본서의 주제의 하나인 '토번로'의 개설에 지대한 역할을 하였다고 본서 「현조법사」조에서 기록되어 있다. 부군인 송첸감포가 서거한 후 자식도 없이 홀로 외롭게 살다가 영륭(永隆) 원년(680) 라싸 인근에서 세상을 떠났다고 전하고 있다.
문성 공주가 라싸로 시집 왔던 길이 바로 〈당번고도(唐蕃古道)〉인데, 옮긴이가 기획하고 고문역과 리포터로 제작에 참여하여 만든 KBS 역사스페셜 2부작 〈당번고도를 가다〉를 참조하기 바란다.

6) 기존의 비단길이 '우회로'라면 티베트를 경유하는 길인 직행로는 바로 〈당번고도(唐蕃古道)〉의 연장로에 해당된다. 이에 대하여는 옮긴이의 『티베트의 역사산책』(정신세계사, 2003)에 자세하다.

7) 이 부분에 관련해서는 본 〈실크로드 고전여행기〉 총서의 「부록: 대실크로드의 주요 루트와 파미르고원을 넘는 갈래길」을 참조하기 바란다.

의 영향으로 그 이전에는 없었던 중원-티베트-네팔-중천축을 잇는 소통로가 잠시 열리게 되었다.

여기서 '잠시'라는 표현은 문성 공주의 사후(679)에 당과 토번이 국경선 문제로 인해 다시 전쟁 상태에 돌입했기에 이 직행로는 그만 1세기도 못 넘기고 폐쇄되었다는 의미가 포함되어 있다.

이런 배경으로 먼저 신라의 혜륜(慧輪)과 현락(玄烙) 등의 해동사문들이 티베트고원을 경유하는 길을 통해 천축으로 드나들게 되었다. 그들은 당 태종의 칙명에 의해 사신으로 토번을 거처 천축으로 떠나는 왕현책(王玄策)[8]을 수행하던 장안 대흥선사의 현조(玄照)법사 일행을 따라 천축국으로 떠났는데, 이 시기는 현장의 순례기간(629~645의 17년간)과 거의 일치하고 있다. 정확하게는 현장의 귀국 직전부터 열렸다가 혜초의 순례길 전에 다시 닫혔다고 보여진다. 그래서 아마도 의정이나 그 후 반 세기 뒤의 혜초도 선택의 여지없이 '토번로'를 비롯한 당시 거의 막혀 버린 위험한 육로를 포기하고 해로를 선택할 수밖에 없었던 게 아닐까 여겨진다.

---

8) 당나라 초기 정관(贞观) 17년 용삭(龍朔) 원년 사이(643~661)에 세 차례나 인도에 다녀온 사신으로 불족석(佛足石) 등 불교 문물의 왕래를 통하여 중국과 인도 양국의 문화교류에 크게 공헌하였다. 처음에는 북인도를 통일한 계일왕(戒日王/하르샤 바르다나)의 견당사(遣唐使) 귀국을 호위하는 부사(副使)로서 중인도 마가다왕국 등에 다녀왔다가(643~646) 다시 정사(正使)가 되어 북인도에 갔지만(647~648), 마가다왕국에 반란사건이 일어나 왕위 찬탈자 아라나순(阿羅那順)이 군사를 이끌고 입국을 거부하였을 뿐만 아니라 공물과 무역품을 약탈하므로 일단 몸을 피해서 토번과 네팔에서 수천 원병을 얻어 아라나순을 사로잡아 당나라로 압송하였기에 그 공으로 조산대부(朝散大夫)로 등용되었고, 다시 세 번째로 중부 인도 각지를 순방하였다(657~661). 귀국 후 『중천축행기(中天竺行記, 王玄策行記)』(10권)를 지어 오늘날에도 『법원주림(法苑珠林)』 등에 20여 가지의 일문(逸文)을 남기고 있어서 동 시대의 『대당서역기』를 보완하는 귀중한 자료로 평가받고 있다.
특히 의정의 본 역주본 『구법고승전』에 의하면 사신단 일원으로 현조법사 및 여러 명의 해동의 승려들과 함께 티베트고원을 통과하는 루트를 개척하여 우리에게는 큰 의미를 지닌 인물이다.

여기서 본서의 혜륜법사의 기록을 먼저 읽어보도록 하자.

혜륜(慧輪)의 범어 이름은 반야발마이고 국적은 신라이다. 정관 연간(627~649)에 칙서를 받고 떠나는 현조(玄照)법사의 시자로 함께 인도로 갔다. (…중략…) 그들은 사막을 건너서 설산을 넘어 멀리 오랑캐 땅을 지나 토번에 이르렀다. 거기서 문성(文成) 공주의 전송을 받으며[9] 북천축국으로 갔다.

(…중략…) 후에 당나라의 사신 왕현책(王玄策)[10]이 고향으로 돌아가서 황제에게 글을 올려 현조의 학식과 덕망을 알려서 드디어 칙서를 내려서 다시 그로 하여금 천축으로 건너가 현조를 찾아서 당나라로 돌아오도록 하였다.

돌아오는 길은 네팔에 들렀더니 왕은 사람을 시켜 그들을 보내주었다.

티베트에서 다시 문성 공주를 만나니 깊이 예우하고 당으로 돌아갈 수 있게 도와주었다.[11]

혜륜법사의 관한 기록은 여러 면에서 큰 의미를 지니는데, 특히

---

9) "遠跨胡疆到吐蕃國蒙 文成公主送往北天竺…."

10) 『구당서(舊唐書)』에는 "태종 22년 왕현책(王玄策)은 서역으로 중천축을 공략하기 위해 향하였고, 토번은 현책과 함께 천축을 공격하여 크게 적진을 격파한고로 사자를 보내어 승전의 소식을 전했다"라고 기록되어 있다. 한편 N. B. Thapa, *A Short history of Nepal*, Katumendu, Nepal, pp. 21~23에는 "네팔의 역사에 우다야데바(Udayadeva)의 아들 나렌드라데바(Narendradeva)는 당나라와 토번에 우호적이었고, 647년에 왕현책이 이끄는 사절단이 네팔에 입국했다 하였다"라고 기록하고 있는 것을 보아도 위 내용은 사실일 가능성이 크다.

11) 토번로를 설명하기 위해서 편의상 『서역고승전』의 「혜륜」조와 「현조」조를 묶었다. 그 원문은 다음과 같다.

"慧輪師者. 新羅人也. 梵名般若跋摩(唐云慧甲)自本國出家翹心聖跡. 汎舶而陵閩越. 涉步而屆長安. 奉敕隨玄照師西行以充侍者. 既之西國遍禮聖蹤. (…중략…) 後因唐使王玄策歸鄉 表奏言其實德. 遂蒙降敕重詣西天追玄照入京. 路次泥波羅國. 蒙王發遣送至吐蕃重見文成公主. 深致禮遇資給歸唐."

제3번 마하 스투파 전경. 현장의 『서역기』에 의하면 나란다사원에는 당시 1,500명의 승려들이 학문에 전념하고 있었다고 하였다.

아래와 같은, 「나란다사원」조에서 더욱 빛이 난다. 왜냐하면 이 인도대륙 최대의 불교학의 상아탑이었던, 나란다에 대한 기록이 모두 단편적인 것에 비해 여기에서는 가람의 전체 모습을 그려볼 수 있을 정도로 세밀하게 묘사를 하고 있기 때문이다. 더구나 〈나란다도(圖)〉[12]라는 그림까지 그려져 있었다니 더욱 그러하다.

마하보리사에서 동북으로 일곱 역[七驛]을 가면 나란다사[실리나란타마하비하라(室利那爛陀莫訶毘訶羅/ Sri nallānda māha Viharā)에 도착한다. 이곳은 옛날 실라디탸왕(Śilāditya/ 戒日王)이 북인도의 비구

12) 기록상으로는 분명히 그림이 존재한 것으로 보이나, 실제로는 현존하지는 않고 있어서 아쉬움이 남는다.

(比丘)인 할라사반사(曷羅社槃社)를 위하여 세운 것으로 처음 기틀은 겨우 사방이 도(堵) 남짓 하게 작았는데, 그 뒤에 왕의 후손들이 이어서 확장하였다고 한다. 이 대가람의 규모는 매우 커서 인도 전역에서는 이보다 더 큰 사원은 없다. 따라서 그 규모를 상세히 설명할 수는 없기에 그 구역만을 대략 적어볼 뿐이다.

이 사원의 형태는 정사각형으로서 마치 중국의 성곽 같으며 사변에는 직선의 처마로 된 집들이 지어져 있고 긴 복도는 이들을 둘러가며 이어져 있다. 이 집들은 모두 벽돌로 만든 방이며 높이는 3층으로 지어졌고 각층의 높이는 1장(丈) 남짓하다. 대들보에는 판자를 옆으로 붙였으며 원래 서까래로 지붕을 채우지 않고 또 기와는 벽돌을 평면처럼 깔았다.

가람은 모두 일직선으로 반듯하게 지어져 제 마음대로 돌아다니다가 자기 방으로 들어갈 수 있도록 되어 있고 뒷벽은 곧 바깥 세계와 경계를 이루고 있는데, 벽돌을 쌓아올려 높이 3~4장(丈)으로 만들었고, 그 위에 사람 머리를 만들었는데 그 높이는 사람의 것과 같다.

승려들이 거처하는 방은 언제나 햇볕이 바깥벽을 바로 쪼인다. 모든 방들은 안이 대략 1장(丈) 가량 되고 뒷면은 창문을 통하여 처마를 바라보게 되어 있고 방의 문은 매우 높아서 열고 닫는 것이 마음대로 되는 문짝이 있다. 방은 모두 마주 바라보면서 발(簾)을 쳐놓게 되어서 그 안에서 편안하게 있지 못하게 되어 있다. 밖에 나와서 바라본다면 사면에서 모두가 서로 바라보며 행동을 살피게 되어 있

무늬가 아름다운 나란다 벽돌

다. 그러니 어찌 조금이라도 사사로움이 있겠는가?

나란다사원의 아름다운 돌기둥들

나란다의 고승이 설법할 때 앉았던 법좌(法座)

건물의 한 구석 위쪽으로 복도를 만들어 그 위로 갔다 왔다 하며 네 모퉁이에는 각각 벽돌로 집을 지어서 유명한 큰 대덕스님들이 여기에 거주하고 계신다. 가람의 대문은 서쪽으로 향하고 있으며 날아가듯이 지은 누각은 하늘을 찌르며 그 조각은 기묘하게 새겨져 장식의 묘를 한껏 살리고 있다. 그 대문은 바로 방과 서로 이어져 문과 방이 따로 만들어진 것이 아니나 다만 문은 앞으로 양보(兩步)를 내어서 네 기둥을 모두 안정시키고 있다. 문은 지나치게 크지는 않다 하더라고 그 구조 전체는 참으로 탄탄하게 만들어졌다. 식사 때마다 대문을 큼직한 자물쇠로 걸어 잠근다. 이것은 성스러운 가르침을 따른 것이며 가람 안의 사사로운 생활을 외부에 보이지 않도록 하기 위한 것이다.

사원 안에 포장을 한 빈 마당은 사방이 대략 30보이며 모두 벽돌이 깔려 있다. 작은 절의 마당은 10보 혹은 5보의 것도 있다. 지붕 위, 처마 앞, 방 안을 덮고 있는 바닥은 헐어서 못쓰게 된 벽돌조각을 대추만한 크기로 잘라 진흙과 섞어서 절구 공이로 가루를 만들어 전면에 편편하게 바른다. 석회에 삼마(蔘麻)줄기와 기름과 찌꺼기와 물에 담근 껍질

나란다 지하사원의 입구

불사리가 들어 있지 않은 '제저(制底)'라는 이름의 작은 스투파들이 셀 수 없이 많이 세워져 있다.

따위를 섞어서 며칠 동안 물에 적셔두었다가 이것을 벽돌바탕 위에 바르고 푸른 풀로써 덮어 둔다. 그리고 2~3일 지나서 그것이 마르는 상태를 보아서 다시 활석으로 말끔히 닦아내고 붉은 흙물 또는 단주(丹朱) 같은 것으로 닦고는 그 뒤에 기름을 입히면 맑고 선명한 것이 거울과 같게 된다.

모든 건물의 계단도 다 이렇게 한다. 이렇게 한 번 마련해놓으면 그 후는 사람들이 제멋대로 밟아도 어떤 때는 10~20년 지나도록 부서지지 않아 석회수로 적신 것 같게 벗겨지지 않는다. 이와 같은 것이 모두 여덟 승방(僧房)에 있으며 위는 모두 편편하게 지어져 규모는 서로 닮았다.

사원의 동면에는 하나 또는 세 개의 방을 정해 놓고 석존상을 모셔 놓거나 또는 그 면보다 다소 앞으로 내서 따로 대관(臺觀)을 마련하여 불전으로 삼고 있다. 사원의 서면에는 큰 뜰의 바깥쪽에 대스투파 및 여러 제저(制底)13)가 나란히 있는데, 그 수가 100개를 넘어 성스러운 유적은 연이어 줄지어져 있어서 그 장관은 적을 수조차 없을 정도이고 금은보배로 장식한 그 아름다움은 실로 이 세상에서 보기 힘든 것이다.

그 안에서의 승려가 지켜야 할 규칙이나 출납의 일은 자세히 『중방

---

13) 작은 약식의 스투파를 말한다.

록(中方錄)』과 『기귀전(寄歸傳)』에 따로 적어 놓았다. 가람 안에서는 가장 늙은 상좌(上座)를 존주(尊主)로 삼으며 그 덕(德)을 말하지 않는다. 가람에 있는 모든 열쇠는 매일 저녁 봉인하여 이를 상좌에 맡기고 다시 따로 사주(寺主)나 유나(維那) 같은 것은 두지 않는다. (…중략…)

1,193년 아프간의 가즈니에서 온 이슬람군에 의해 비무장한 천여 명의 승려들은 전원 학살당하였고 사원은 파괴된 후 나란다는 오랫동안 풀벌레만 우는 폐허가 되었다가 근래 복원되고 있다. 천년의 세월을 견디고도 아직도 아름다운 불상조각들

또 여기에서 비록 가람의 모양을 설명한다 하더라도 뒤에 다른 일이 일어나면 혼동될 것을 두려워하며 여기에 그림을 그려서 붙인다. 바라는 것이 있다면, 보는 사람마다 서로 엇갈리지 않게 하려는 것뿐이다. 만약 천자에게 명하여 이 양식에 따라 이런 사원을 만들 수만 있다면 인도의 왕사(王舍)와 중국의 것과는 이치상으로는 다를 바 없을 것이니 이에 한탄하여 한 수 짓는다.

의정은 신라승 혜륜의 행장을 설명하면서 중간에 나란다사원의 구조를 자세히 설명하고 있는데, 유학승들의 승방에 대해서도 자세히 설명하고 있는데, 고고학적 발굴결과에 의해 기숙사동으로 확인된 모습

많은 아름다운 것들은 옛날 같이 늘어서 남아 있건만
뛰어난 많은 분들은 이미 예와 지금으로 갈라져 있으니,
삶과 죽음의 가름을 알게 되니
어찌 마음의 서글픔을 느끼지 않을 소냐.
[사원의 모양은 지금 없어져 남아 있지 않다.]

여기의 이 그림은 나란다 가람의 전체의 모습으로 중국말로 번역하면 길상신용대주처(吉祥神龍大住處)라고 한다. (…중략…)

이 나란다사원은 남쪽으로 왕사성이 30리 정도 거리인데, 영취산과 죽림정사는 모두 그 성 근처에 있다. 서남쪽으로는 대각사를 향하고 정남쪽은 존족산(尊足山)이 있어 모두 대략 일곱 역 가량의 거리다. 북쪽은 바이샬리까지 35역이고, 서쪽으로 녹야원을 바라보고 20여 역이다. 동쪽으로 탐라립티까지는 6~70역으로 바로 배를 타고 당나라로 돌아가는 항구이다.

이 가람 안에 거주하는 승려들의 수가 3,500명이나 되며 가람에 속하는 마을과 농장은 201소(所)인데 모두 역대의 임금들이 그 인호(人戶)를 바쳐 서 그 씀씀이에 충당한 것이다. 거듭 한 수 지어본다.

용지(龍池)에 닿아 있는 땅은 하늘 끝과 떨어져 있고
길을 아득하여 말 달려도 길을 거니는 사람 찾아볼 수 없구나.
지금의 전설은 진실을 찾아보기 힘들고
지은 사람 바뀌었고 지은 그 솜씨도 오래 되었구나.
옛 냄새 고루 풍겨도 새롭게 보이는 그 모습에 놀라니,
보는 사람 마음 가다듬어 부처님 보듯 신심 내기 바라노라.

이처럼 불교 역사상 최대의 가람이었던 나란다의 전성기 때의 모습이 자세히 묘사되고 있는 것이다. 이는 비록 의정의 붓끝에서 묘사되기는 했지만, 분명 신라 혜륜의 명호 아래에서 다시 살아난 것이니, 어찌 뿌듯하지 않으리….

또 이어서 혜업과 현태 그리고 아리야발마에 대한 의미 있는 기록은 계속된다.

[아리야발마는] 동쪽 끝인 계귀(鷄貴)에서 태어나 서쪽 끝인 용천(龍

泉)에서 돌아가셨다. '계귀'는 인도말로 '구구타의설라'라고 하는데, 여기서 '구구타'는 닭이며, '의설라'는 귀(貴)하다는 뜻으로 바로 고[구]려국을 말한다.

그 나라에서는 닭의 신을 받들어 모시기에 그 날개 깃털을 꼽아 장식으로 삼는다고 한다.

여기서 우리는 중요한 사실 하나를 확인할 수 있다. 혜초사문보다 반 세기 앞선 7세기 중엽 이른바 '토번로'를 통해 천축을 들락거렸던 순례승들이 여러 명 있다는 사실은 우리 민족의 진취성을 확인할 수 있는 자랑스러운 일임에는 틀림없다. 비록 이들은 혜초처럼 여행기를 남기지 않았고 관계된 사료가 단편적이기에 크게 주목을 받지 못하고 있는 것이 아쉽지만, 어쩌면 혜초가 받고 있는 '첫째'란 수식어를 물려주어야 할 진정한 선구자들임에 틀림없다. 그런 사실을 증명할 유일한 자료가 바로 오늘의 주인공 의정이 지은 『구법고승전』이라는 사실도 중요한 대목이라 하겠다.

이런 사정으로 인해 7세기 후반부터는 대개의 인도 순례승, 구법승들이 해양로를 택할 수밖에 없었다. 이들은 대게 중국 대륙 최남단 광저우[廣州港]에서 계절풍을 이용하여 천축과 아라비아를 왕래하는 무역선에 편승하여 출발하였다.

천축 구법승 조각상

당시 천축 순례승들의 통계로는 육로가 23명이지만 해로는 40명에 달하고 있어서 당시의 상황을 잘 이야기해주고 있다. 그러니까 현장법사를 제외한 나머지 인물들인 법현(法顯), 오공(悟空), 그

현재 광저우 주강 선착장의 모습

리고 우리의 혜초 등의 순례승들의 해양로가 바로 의정이 이용했던 루트였다는 말이 된다.

의정의 순례길을 더듬어보는 방계 자료는 당 혜림(慧琳, 783~807)의 『일체경음의(一切經音義)』[14]인데, 여기서는 역시 『왕오천축국전』처럼 용어만 간략하게 풀이되어 있을 뿐이어서 정확한 루트를 그려보기는 어렵다. 다만 의정 자신이 측천무후(則天武后) 천수(天授) 3년(692)에 지금의 인도네시아 수마트라섬 북부 항구 스리

14) 807년 당 혜림(慧琳)이 편찬한 100권으로 된 일종의 불교 사전이다. 혜림은 불전에서 구사하는 여러 가지 난해한 단어들을 풀이하기 위해서 옥편, 설문, 자림, 자통, 고금 정자, 문자 전설, 개원문자 음의 등의 일곱 개 자서와 석의를 참고로 하였다. 이 방대한 문헌은 당시대 문자의 음운 연구에도 중요한 자료이다. 더구나 중국에서 이미 소실된 것으로 오직 한국의 고려대장경에서만 전해지고 있어서 고려대장경의 중요성을 알리는 또 하나의 계기가 된 바 있다. 『구법고승전』뿐만 아니라 『왕오천축국전』의 85개 어휘도 여기에 수록되어 있다. K-1498 (42-1)·T-2128 (54-311).

비자야에서 당 여황제 측전무후에게 『구법고승전』과 함께 바친, 또 다른 저서인 해양기행문 『기귀전(寄歸傳)』 4권을 길라잡이로 하여 그의 해양로를 더듬어보기로 하자.

기다리던 계절풍이 동남으로 불기 시작하자 중국 대륙 남동부의 국제무역항이었던 광저우 항구는 술렁이기 시작하고, 출항 준비를 하면서 1년 가까운 시간을 기다리던 여러 나라 국적의 무역선들은 일제히 돛을 올리기 시작하였다. 주강을 따라 바다로 나온 선단들은 현 홍콩과 마카오 사이의 주강만을 빠져나와 기수를 돌려 남쪽으로 방향을 잡아 낮에는 오른쪽으로 해남도의 해안선을 표지 삼고 밤에는 남십자성의 별빛을 따라 남쪽으로 내려갔다.

그러다가 식수와 식량을 보충하기 위해 잠시 인도차이나반도 베트남의 하노이(Hanoy/ 林邑國)에 기착한 다음, 항해를 계속하여 1개월 후 12월 초순에, 현 수마트라(Sumatra)섬의 팔렘방(Palembang)에 도착하게 된다.

당시 이 섬에는 스리비자야(Sriwijaya/ 室利佛逝國)[15]라는 강력한 해상왕국이 번영하였기에 중국과 인도 그리고 아라비아를 오가는 무역선들은 필요한 물건을 보급하기 위해 이곳에서 한동안 기착하였다. 당시 천축에의 항로는 선택의 여지가 없이 팔렘방을 경유

---

15) 7세기 말부터 약 600년 동안 말라카해협을 중심으로 수마트라 전체와 말레이반도, 그리고 서부 자바와 서부 칼리만탄 일부에 걸쳐서 발흥한 불교 왕국이었다. 중국 문헌에 '삼불제(三佛齊)'로 알려진 스리비자야는 산스크리트어로 기록된 몇 개의 법령과 말레이 고어(古語)로 된 비문(碑文) 등으로 볼 때, 400~600톤 규모의 거대한 선박을 건조하여 8세기 말에 이미 인도와 중국을 왕래하는 정기 항로를 개척했던 강력한 해상 왕국임을 알 수 있다. 왕은 불교도였으며 중국과 비단, 도자기 및 향료를 교역하였다.

말라카와 순다해협을 장악한 스리비자야 왕국은 8세기 초기 이래로 중부 자바의 힌두 왕국인 산자야(Sanjaya)와 경쟁관계를 유지했으며, 한편 동북부 자바에는 보로부두르(Borobudur)사원을 건축한 사일렌드라(Sailendra) 왕국이 불교문화를 꽃피우며 스리비자야 왕국과 긴밀한 관계를 유지했다.

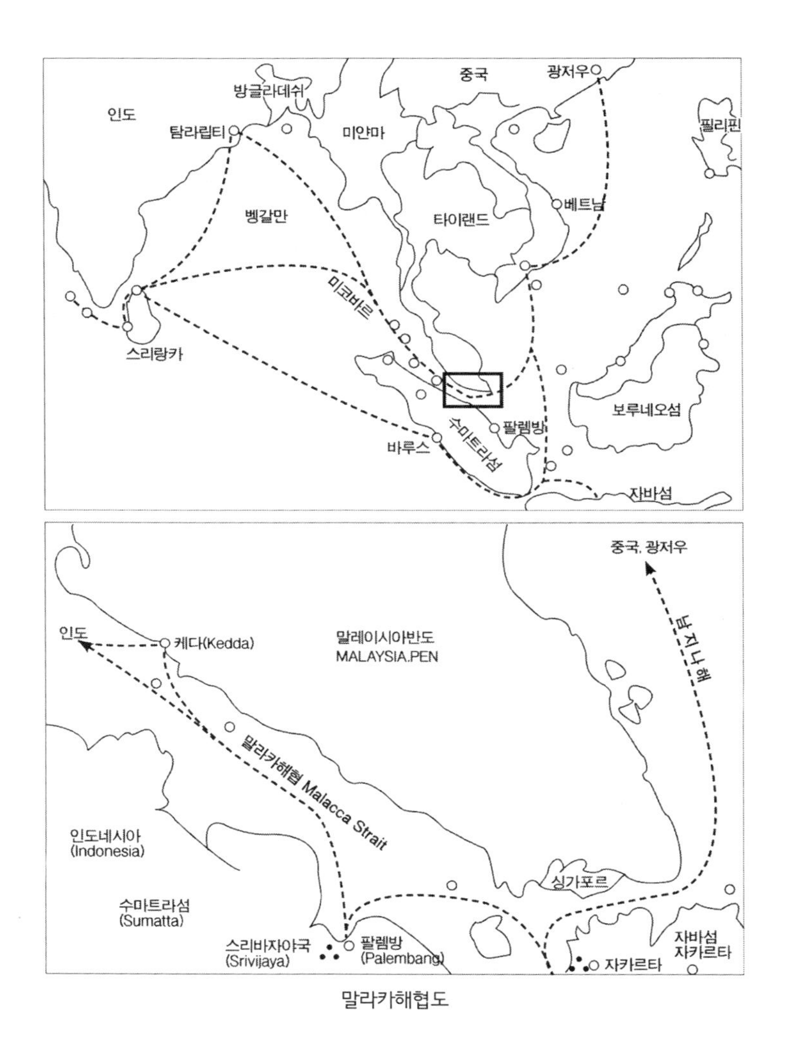

말라카해협도

하여 다시 수마트라섬과 말레이반도 사이의 좁은 말라카(Malacca) 해협을 빠져나가 인도양으로 나가 니코바르군도(Nicobar is.)를 거치던지 아니면 벵갈만으로 나가던지 하는 둘 중 한 코스를 택해 인도에 도착하게 된다. 그만큼 당시 해로에서의 팔렘방의 역할은 절대적이었고 그만큼 스리비자야의 해상력은 강대하였다.

이곳에서 겨울을 지낸 의정은 다음 해 5월에 국왕의 환송을 받으며 출발하여 15일 후에 말라유(Malaiur/ 末羅瑜國)에 도착하여 2개월 동안 이곳에 머물렀다. 다시 7월 말라유 국왕의 선박을 타고 15일 후에 현 말레이반도의 서해안인 캐다(Keda/ 羯荼國)에 도착하여 4개월 체류한 의정은 그 해 12월에 다시 왕이 소유하는 선박을 빌려 타고 10여 일 만에 나인국(裸人國)에 도착한다. 나인국은 지금의 니코바르군도를 가리킨 것인데, 그가 이 지방에 관해 남긴 기록은 9세기의 아라비아 여행가들이 남긴 것과 일치하고 있다.

보로부두르사원에 새겨진 고대 선박 부조

고대 선박복원도

나인국에서 다시 항해를 계속하여 의정이 도착한 곳은 인도 대륙 동쪽 끝의 탐나립티(Tamralipti/ 耽摩立底國), 바로 혜초사문이 동천축국이라고 불렀던 인도 캘커타(Calcutta) 인근의 갠지스(Ganges)강 삼각지대의 탐룩(Tamluk)[16]이었다. 이곳은 그 옛날 5세기에 구법승의 선두주자인 법현(法顯)이 육로로 천축에 왔다가 해로로 중국에 돌아가려고 2년 동안이나 머물다가 사자국을 경유하여 귀국하였다던 곳이기도 하다.

16) 옮긴이의 『혜초따라 5만리』(상), 여시아문, 2005, 92~99쪽에 탐룩에 대한 상황 혜초의 해양로에 대한 정보가 자세하다.

여기서 하나 특기할 사항으로는, 의정은 이름 없는 신라 승려 두 명이 배를 타고 수마트라섬 남쪽 항구인 바루스(Balus/ 婆魯師國)에 도착해서 병을 얻어 입적했다고 기록하고 있어서 애처로움을 더하고 있다. 당시 그만큼 남방의 풍토병은 무서웠다는 것이다.

이런 애처로운 사연을 『고승구법전』을 통해 읽어 보았던 『삼국유사』의 저자 일연(一然)은 「귀축제사(歸竺諸師)」라는 제목으로 한 수 읊기를,

"달은 몇 번이나 외로운 배를 떠나보냈는데, 구름 따라 돌아온 이는 한 사람도 없어라."

라고 노래하였다. 또한 육로로 인도에 간 스님들을 두고는

"천축의 하늘은 아득히 겹겹 산인데, 가련하게도 유사(遊士)[17]는 허위허위 오르는구나"라고 시를 읊었다.

각설하고, 의정은 탐룩에서 약 1년 동안 머물면서 범어를 배우고 그 다음해 5월에 대승등사(大乘燈師)와 같이 나란타사로 향하여 많은 험한 길을 거쳐 6월 무렵에 겨우 목적지에 도착하였던 것이다.

이렇게 의정은 당시 일반적인 관례처럼, 수마트라섬을 중간 기착지로 활용하면서 범어 및 기타 토착어 그리고 천축국의 불교의식과 생활습관을 익히며 기후의 적응훈련도 하였다.

그 후 의정은 대승등사와 더불어 불교의 전통적인 8대 유적을 두루 순례하였으나, 붓다의 입적지인 쿠시나가라에 이르러 동행하던 대승등사가 병사하는 슬픔을 겪기도 하였다. 붓다의 유적지를 두루 순례한 의정은 상원(上元) 2년부터 10년간, 그가 인도를 떠나는 수공(垂拱) 원년(685)까지 나란타(那爛陀寺)사원[18]에서 머물

---

17) 여기서 '遊士'는 물론 놀러다니는 선비가 어닌 불법을 구하러 떠난 순례승을 가리키는 것이다.

18) 나란타 연못에 대가람이 건립된 것은 대략 5세기 굽타 왕조 때의 일로 제일왕(帝

며 불교 연구에 장년기를 보내고 귀국을 결심하고 형주 출신의 무행선사(無行)의 전송을 받으며 나란타사를 출발한 의정은 다시 탐룩으로 향하다가 도중에 도적을 만나는 등의 고난을 겪고 12월에야 겨우 귀국길에 오르게 된다.

동남으로 뱃머리를 잡았던 의정은 2개월의 항해 후 케다에 도착하여 여기서 한겨울을 보내고 다음 해 정월에 출발하여 한 달 동안의 항해 끝에 말라유에 도착하여 약 6개월 후에 다시 항해를 계속하여 2월에 스리비자야 팔렘방에 이르러 이곳에서 3년 동안을 보냈다.

그리고는 영창 원년(永昌元年, 689)에 상선에 올라 그 해 7월 20일에 중국의 광저우에 도착했지만, 무슨 이유에서인지 다시 그 해 11월 1일 다시 수마트라로 돌아와 4년 동안을 더 머물었다고 한다.

의정의 행적을 다시 정리하면, 의정은 37세 때 광저우를 출발해 수리비자야의 팔렘방에 도착하여 다음 해 다시 인도로 들어가 10년을 순례한 후 688년 귀로에 팔렘방에서 2년을 머물다가 중국행 배에 올랐다가 다시 팔렘방으로 돌아와 4년을 머무르다가 중국으로 돌아갔다고 한다. 이를 보면 의정은 수마트라섬에서 거의 8년 정도의 세월을 보낸 셈이다.

결국 장수(長壽) 3년(694) 5월 의정은 정고(貞固), 도굉(道宏) 등

日王)을 비롯한 역대 국왕들이 차례로 각각 가람을 지어 대가람이 되었다고 한다. 그리고 국왕들은 100여 개의 성읍을 보시하여 운영비용을 충당하였다고 한다.

나란타에는 유학 온 학승들도 많았는데 현장과 의정도 그 중의 하나였다. 『삼장법사전』 권3에 의하면 "나란타의 승도는 주객을 합하여 만인이나 되며 대승을 학습하고 18부를 겸해서 익혔는데, 여기에는 속전·베다 등의 서(書)·인명(因明)·성명(聲明)·의방술(醫方術)·수(數) 등을 수학했다"고 한다. 교육방법은 원시불교 이래의 교육전통에 따라서 '사자상승(師資相承)'의 형식으로 교수되었는데 토론에 의한 방법이 성행하였다. 『대당서역기』 권9에 의하면 "학문의 나아감을 청하고 오묘함을 말하는 것은 해가 저물어도 계속된다"고 하여 나란타사를 '담의(談議)의 문(門)'이라 했다고 한다. 또한 "덕이 있는 무리가 있는 곳은 자연히 엄숙하고 건립 이래 700여 년이 지났지만 아직 한 사람도 허물을 범하는 사람이 없다"고 하여 그 학풍의 엄격함을 말하고 있다.

인도로 가는 해양로의 출발지인 광저우 항구의 등대였던 광탑(光塔). 의정·혜초 등의 수많은 순례승들의 뱃길을 밝혀주었을 등대였지만, 지금은 육지 속의 이슬람사원으로 변해 버렸다.

네 명의 중국 승려들과 더불어 수마트라를 떠나 1개월 동안의 항해 후 광저우에 도착하여 그 해를 그곳에서 보내고, 다음해 천책만재(天冊萬載) 5월 상동문(上東門) 밖까지 친히 마중을 나온 측천무후(則天武后)의 마중을 받으며 낙양으로 돌아왔다고 한다. 그때 의정의 나이는 61세로 무려 25년 만의 금의환향이었다.

의정의 『구법고승전』은 간략히 정의하자면 천축 순례승 56여 명의 전기이다. 1894년에 처음으로 이 책을 완역하여 세계에 알린 프랑스의 동양학자 샤반느(Edouard Chavannes)는 이렇게 평가하고 있다.

의정의 책은 순수한 과학의 저서 또는 지리에 관한 전문적인 기록이라고는 할 수 없다. 그러나 말레이군도의 불교의 상황과, 인도의 문학과 의학, 그리고 그가 특별히 관심을 가지고 연구한 경장(經藏)과 율장(律藏)은 이 두 서적을 빌어 알 수 있게 해준다.

의정은 문학적 재주와 모험정신에 뛰어나 우리들이 그의 저서를 읽으면 온갖 어려움을 두려워하지 않고 홀몸으로 용감히 여행하였던 것을 알 수 있게 하며, 우리들로 하여금 순례승의 자기 희생을 무릅쓴 행동을 상기시키기에 충분하다.

천복사 경내와 소안탑

의정이 인도에서 가지고 돌아온 산스크리트 원전은 장안 대천복사(大薦福寺) 내에 설치되었던 변경원(辨經院)[19]에서 주로 번역하여 경내에 새로 지은 소안탑에서 소장하였는데, 숫자가 무려 68부 290권에 이르렀다. 〈유부율부(有部律部)〉에 속하는 『근본설일체유부비나야(根本設一切有部毘奈耶)』를 비롯하여 율장은 거의 번역하였을

천복사 내의 소안탑

19) 수나라 양제 때부터 국가가 관리하는 역경소에 해당되는데 『당서』에는 "唐 神龍 二年 義淨 隨駕歸雍京. 唐中宗置 飜經院 於 大薦福寺 居之."란 구절이 보이는 것을 보면 그 사실이 증명이 된다. 여기서 神龍(705年 正月~707年 九月)은 무측천(武則天)과 중종(中宗) 리현의 연호이다.

서역 출신의 역경승들의 초상화

뿐 아니라, 이밖에 『금광명최승왕경(金光明最勝王經)』·『미륵하생성불경(彌勒下生成佛經)』·『대공작왕주경(大孔雀王呪經)』도 번역하여 중국의 역경사업에 이바지한 바가 결코 적지 않지만, 그의 역경승으로서의 위상은 그가 남긴 세계적인 역저 두 권에 가려지고 있는 듯하다.

옮긴이가 이번 〈실크로드 고전여행기〉 총서에 조금은 이질적인 이 『구법고승전』을 추가시킨 것은 혜초사문보다 반 세기 먼저 인도 대륙과 서역을 누비고 다녔던 혜륜 등 일곱 명의 해동 승려들의 신념을 기리기 위해서이기도 하지만, 신라의 진취성을 알려주는 '구구타의설라'[20] 같은 대목도 큰 의미가 있다고 생각되어서였다.

그 외에도 이른바 '토번로'라는, 다른 자료에서는 보이지 않고 오직 이 『구법고승전』에만 보이는 새로운 종교와 문화의 소통로에 대한 정보도 고대 불교사 연구뿐만 아니라 동서양 실크로드 연구사에 있어서 큰 촉매제 구실을 하겠다는 점에서도 이 문헌은 널리 읽혀져야 할 것이라고 생각되어 이번 〈실크로드 고전여행기〉 총서에 추가하였다.

그러나 아쉬움이 있다면 본 역주본에는 총 56명에 이르는 순례승들의 프로필이 담겨 있는데, 본서 편집상의 안배로 인해 이들을

---

20) '鷄貴'라는 뜻으로 해동반도를 말하는 용어이니 얼마나 많은 순례승들이 인도를 들락거렸는지를 반영하는 좋은 일례라고 하겠다.

모두 싣지 못하고 '토번로'를 개척하여 비중이 제일 무거운 현조(玄照)법사와 우리들의 관심사인 혜륜(慧輪)사문을 비롯한 일곱 명의 신라승과 머나 먼 사자국(獅子國/ Srilangka)에서 출가한 고구려의 현유(玄遊)의 스승인 승철(僧哲)선사, 그리고 『고승구법전』의 원문에는 비록 부록으로 달려 있지만 정고(貞固)율사 부분이 자료적인 가치가 많기에 마지막으로 추가하여 총 10명의 전기만 싣게 되었다는 점이다. 다만 총 60명에 대한 원문만은 후학들을 위해 부록으로 말미에 실어 두었으니 참조하시기 바란다.

본 『구법고승전』은 1894년 프랑스의 동양학자 샤반느(Edouard Chavannes)에 의해 불어판과, 다카쿠스 준지로[高楠順次郎]의 영어판 『A Record of the Buddhist Religion as Practiced in India and the Malay Archipelago』(Oxford, 1896)가 출간된 후로, 1942년 足立喜六의 역주본인 『求法高僧傳』이 이어졌다.

그러나 우리니라에서는 이용범 역주본 『구법고승전』(현대불교신서 26권, 1980)이 출간되어 있을 뿐이어서 아직 시대적으로 부합되는 업그레이드판이 나오지 않고 있는 상황이다.

본 역주본의 대본은 中華電子佛典協會(CBETA) T.51 No. 2066 『西域求法高僧傳』을 사용하였고, 대조본으로는 고려대장경(K.1072 (32-732))과 신수대장경(T.2066 (51-1))본을 비교하면서 같이 사용하였고, 역주는 이용범의 『구법고승전』과 足立喜六의 역주본, 그리고 『기귀전(寄歸傳)』(K.1082 (33-672) T.2125 (54-204))과 『일체경음의(一切經音義)』(K.1063 (32-1))와 인터넷 사전류도 참조하였음을 밝히며 선학들의 노고에 오늘의 기쁨을 회향하는 바이다.

2013년 수리재 설역서고(雪域書庫)에서
계절풍이 불어오는 동지나해를 그리며 탈고하다.

실크로드 고전여행기 대당서역구법고승전 목차

대당서역구법고승전 역주

대당서역구법고승전 원문

부 록

대당서역구법고승전 역주

『대당서역구법고승전』 일러두기

1. 본 역주본의 대본은 中華電子佛典協會(CBETA) T.51 No. 2066 『西域求法高僧傳』을 사용하였고, 대조본으로는 고려대장경(K.1072 (32-732))과 신수대장경(T.2066 (51-1))본을 비교하면서 같이 사용하였고, 역주는 이용범의 『구법고승전』과 足立喜六의 역주본, 그리고 『기귀전(寄歸傳)』(K.1082 (33-672) T.2125 (54-204))과 『일체경음의(一切經音義)』(K.1063 (32-1))와 인터넷 사전류도 참조하였다.
2. 이번 〈실크로드 고전여행기〉 총서 모두에서는 우리말 발음을 원칙으로 하였고, 가로 안에 (현지명 한글표기/ 영어/ 한문 한글표기/ 한문) 식으로 표기하였다. 다만 인명·지명·고유명사 중에서 중국화에 익숙한 경우는 관례에 따랐다. 예를 들면 태주(太州)의 현조법사(玄照法師), 신라(新羅)의 혜륜사(慧輪師) 등이고, 지명은 소그드(Sogd/ 速利), 아무다리야(Amu Darya/ 縛芻河), 토카라(Tokara/ 睹貨羅), 자란다르(Jalandar/ 闍蘭陀國) 등으로 정리하여 사용하였다.
3. 기타 일반적으로 잘 알려진 인명·지명 등 고유명사의 경우는 강가(Ganga/ Ganges/ 殑伽河), 무왕(無憂王/ Asok王), 수보리(須菩提/ Subhuti), 스투파(Stupa/ 窣堵波), 카니슈카(Kaniska/ 迦膩色迦, A.D. 78~144), 염부주(閻浮州/ Jambudipa), 아무다리야(Amu Darya/ 縛芻河), 소그드(Soghd/ 窣利) 등과 같은 방법으로 표기하였다.

4. 인명에 대한 중복되는 호칭은 생략하였다. 예를 들면 삼장법사, 현장법사, 혜초스님, 혜초사문, 혜초화상 등은 그냥 의정, 혜륜, 현장, 혜초 등으로 줄임으로써 절약하였다.
5. 원문에 자주 등장하는 불필요한 병주(倂註)는 번역을 생략하고 각주로 처리하였다.
6. 원문에는 없지만, 옮긴이가 꼭 필요하다고 보는 대목에는 ≪ ≫ 안에 보충 설명하였다.

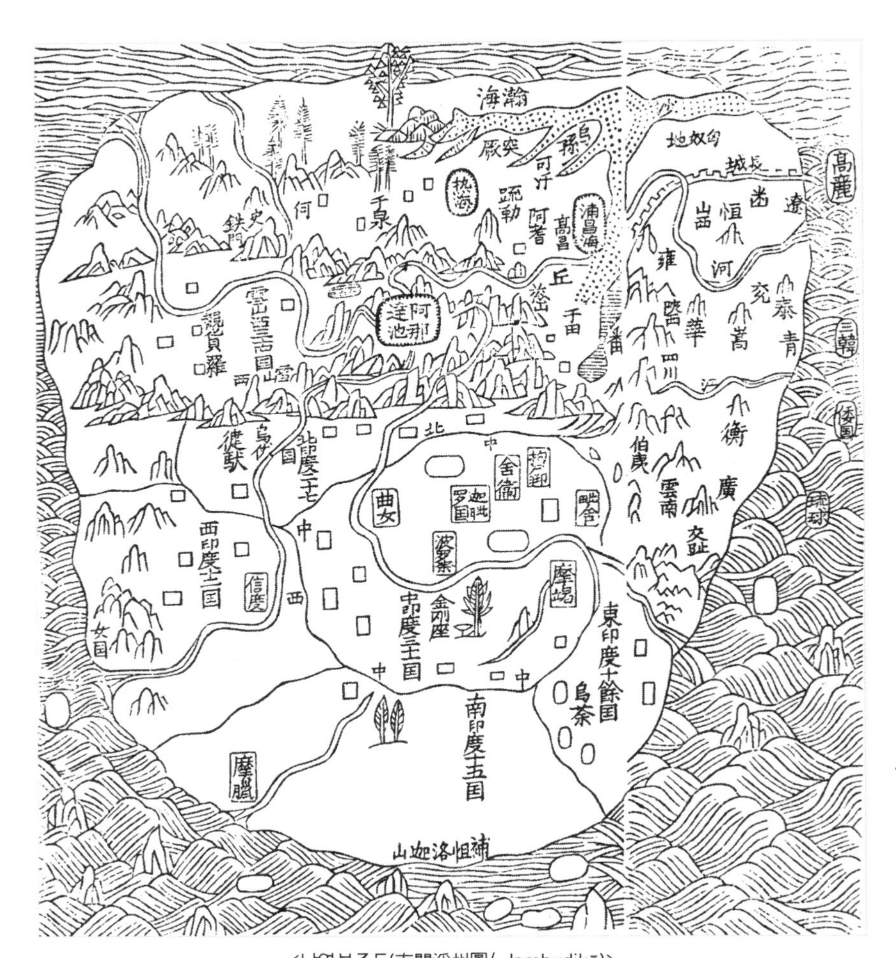

<남염부주도(南閻浮州圖/ Jambudikā)>

〈남염부주도(南閻浮州圖/ Jambudikā)〉

이 지도는 "만력정미(萬曆丁未, 1608년) 중추(仲秋)에 사문인호(沙門仁潮)가 천목사에서 모아서 편찬하다"라는 서문이 붙어 있는 『법계안립도(法界安立圖)』라는 3권짜리 지리책 상권에 수록되어 있는 것으로 그 내용은 인도 대륙을 중심으로 서역과 중국의 지리를 한 장의 지도로 표시한 것이다.

이 지도의 편찬자인 인호사문의 인적 사항은 알려진 것이 별로 없지만, 대략 명나라 신종(神宗) 연간에 절강성 천목산(天目山)에 주석하였던 지리학에 조예가 깊었던 승려로 옛적부터 전해 내려온 불교 쪽 고지도들을 수집하여 설명을 부처 책으로 편찬하였다고 자서에 스스로 기록하고 있다.

지도의 중앙에는 향산(香山/ 須彌山/ 현 Kailas)과 아나달지(阿那達池/ 현 Manasarova)가 자리 잡고 있는데, 이를 중심으로 동서남북으로 항하(恒河/ Gengis R.)와 신두하(信度河/ Indus R.)를 비롯한 4대강이 흘러내려 바다에 이르고 있는 모양새이다.

먼저 북동쪽의 중원 대륙 쪽으로 눈을 돌려보면, 동쪽 끝 바다에는 고려(高麗)를 비롯하여 만리장성과 황하와 장강(長江)이 눈에 들어온다. 이를 시계방향으로 살펴보면 북동쪽으로는 포창호(浦昌湖/ Nopnor), 열해(熱海/ Isikkől), 오손(烏孫), 돌궐(突闕), 우전(于田/ Hotan), 고창(高昌), 아기(阿耆), 소륵(疎勒/ Kashgar), 천천(千泉/ Tokmok) 등이 보이고, 북서쪽으로는 철문(鐵門)과 '설산서 34국(雪山西三十四國)'과 도화라(覩貨羅/ Tokhra)가, 서쪽으로는 '북인도 27개국'과 오장(烏杖/ Udiyāna), 건타라(健馱羅/ Gandhāra)가, 서남쪽으로는 '서인도 12국'과 신도(信度/ Sindi)가 보이고, 서남쪽에는 마랍(摩臘/ Malava)이, 남쪽에는 '남인도 15국'과 보타낙가산(補陀洛迦山/ Potalāka)이, 남동쪽으로는 '동인도 10여국'과 오다(烏荼/ Udrā)가 눈에 들어온다.

그리고 인도 대륙 중앙에는 갠지스강 위쪽으로는 비사(毗舍/ Vaishali), 구시나(拘尸那/ Kusinagār), 사위(舍衛/ Sravasti), 곡녀(曲女/ Kanauj), 파라나(波羅奈/ Varanasi) 등이 보이고, 갠지스강 아래로는 보리수로 보이는 큰 나무 아래 금강좌(金剛座/ Maha-bodhi)와 '중인도 31국' 그리고 마갈(摩竭/ Maghada)이 눈에 들어온다.

옮긴이는 이 지도를 7세기 중반의 중화권의 우주관을 엿볼 수 있는 또 하나의 이른바 인도를 중심으로 한 〈아시아전도〉라고 조심스럽게 정의하고 싶다. 그 근거는 다음과 같다.

편찬자는 이 〈남염부주도〉가 언제, 누구에 의해 설계되었는지를 밝히지는 않았지만, 인도로 가는 이정표를 자세하게 기록하고 있고 또한 지도를 보면, 인도 대륙을 5인도로 각각 나누어—예를 들면 '중인도 31국(中印度三十一國)'이라는 식으로—각기 권역별로 나라의 숫자를 표기하고 있는데, 이는 정확히 현장법사의 『대당서역기』의 그것과 일치하고 있고 또한 지도 속의 지명들도 대부분 같다는 점, 그리고 『대당서역기』의 편찬자인 변기(辯機)의 이름도 보이는 점 등을 미루어보아서는 현장법사의 『대당서역기』의 내용을 한 장의 지도의 형식으로 편찬한, 이른바 〈목판본 대당서역기 변상도(變相圖)〉에 해당된다고 볼 수 있다.

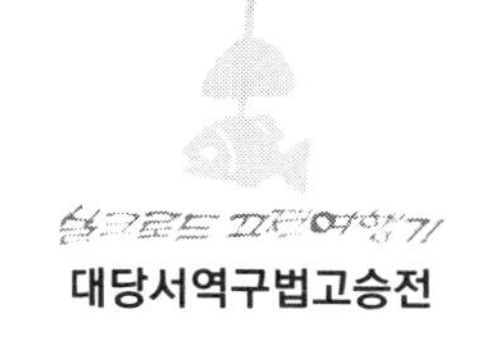

서문

사문의정(沙門義淨)은 서쪽 나라에서 남해 수리비자야(Sriwijaya/室利佛逝)로 돌아와 『남해기귀내법전(南海寄歸內法傳)』과 아울러 〈나란타사원도[那爛陀寺圖]〉를 편찬하다.

의정의 『남해기귀내법전(南海寄帰内法伝)』 필사본이 일본 天理大学附属天理図書館에 소장되어 있다.

타클라마칸 서역남로상의 옛 누란왕국의 유적지

옛날부터 중원[神州]에서 삶을 가볍게 여기고 불법을 위해 목숨을 바친 선인들을 보면 법현(法顯)법사[1]는 [역사상] 처음으로 거친 길을 개척하셨고 현장(玄奘)법사[2]는 그 중간적인 시대에 올바른 길을 개척하셨다.

그 사이에 [많은 분들이] 서쪽으로 보랏빛 장성을 넘어 홀로 떠나고, 혹은 남으로 넓은 뱃길을 홀로 떠나가셨다. [이들은] 모두 불교의 성스러운 유적을 순례하여 온몸[3]을 다 바쳐 예배하고 돌아와서는 사은(四恩)[4]에 보답하여 그 [간절한] 소망을 풀어보려고 하였다.

---

1) 5세기의 동진(東晋)의 법현(法顯)은 홍치 원년(弘治元年, 399)에 장안을 출발하여 타클라마칸의 대사막을 횡단하여 파미르고원을 넘어 북인도에 이르러 다시 중인도에서 스리랑카를 두루 순례하고 갠지스 강구 탐룩에서 해양로를 통해 13년 만에 귀국하여 유명한 『불국기(佛國記)』를 저술하여 순례기의 시작을 알렸다.

2) 7세기 삼장법사 현장(玄奘)은 태종 정관(貞觀) 3년(629)에 국외 여행 금지령을 어기고 몰래 빠져나와 천산산맥 남쪽 기슭에 흩어져 있는 타클라마칸 대사막 안의 여러 오아시스 국가를 따라 서쪽으로 가다가 도중에서 북으로 천산산맥을 넘어 이시쿨(Issik-Kul)호수를 돌아 중앙아시아를 통해 북인도로 들어가 갠지스 강 유역의 나란타사로 갔다. 그 후 현장은 인도의 여러 곳을 여행하며 지리·풍속·불교를 두루 살피고 많은 불경을 수집하여 정관 19년(645)에 다시 육로를 통해 17년 만에 되돌아와 당시의 인도학 연구의 완결판인 『대당서역기』를 저술하였다.

3) 원문에는 "五體而歸禮"라고 되어 있는데 '五體'란 머리와 두 팔 두 다리를 말하는 것으로 요즘은 유행하는 오체투지의 예배법을 말한다. 또한 '歸禮'는 귀명정례(歸命頂禮)를 줄인 말로 마음과 몸을 부처님께 바쳐 믿어 받든다는 뜻이고, '頂禮'는 이마로 부처님의 발을 받든다는 가장 정중한 예배법으로 전체적으로는 마음과 몸을 다하여 부처님을 섬긴다는 뜻으로 해석한다.

4) 네 가지 은혜로 천지·왕·부모·중생의 은혜를 말하지만, 때로는 부모·임금·중생·삼보의 은혜를 말하기도 한다.

그러나 인도까지 가서 진리를 찾으려는 그 행로는 험악하고 멀기가 그지없고 진리를 찾아 인도까지 가신 분은 열 손가락을 꼽아도 모자랄 정도로 많았으나 성공하여 돌아온 사람은 그 가운데서 한 사람에 미치지 못할 만큼 드물었다.

망망한 모래사막과 자갈밭과 긴 강물은 붉게 빛나며 솟아오르는 햇빛으로 인해 더 붉고 크게 보였고,[5] 넓고 넓은 바다의 산더미 같은 물결에 마주하셨고,[6] 험준한 철문(鐵門)[7] 밖으로 외로이 걸

---

5) 원문은 "寔由茫茫象磧 長川吐赫日之光"으로 어디에도 타클라마칸과 타림하라는 이름은 보이지 않지만, 선학이신 이용범은 "넓은 타클라마칸과 긴 강물 타림하는 [사막지방을 뒤덮고 있는 먼지로 공기가 탁한 까닭에] 아침 해가 뜰 때와 저녁 해가 질 때는 그 빛이 붉고 크게 보여 [여행자에게] 공포심을 주고"라고 의역하였다. 물론 지리적으로 '茫茫長川'은 지금의 타클라마칸사막과 타림하를 의미하는 것이 맞고 사막의 현상을 잘 표현하기는 했지만, 의역이 도를 넘은 것 같아 다시 번역하였다.

이 구절이 가리키는 타클라마칸은 신강위구르에 속하는 타림분지의 대사막으로 둔황 서쪽에서부터 파미르고원까지의 동서 약 6천 리, 남북 약 1,500리에 펼쳐져 있는데, 이 사막을 가운데로 하여 서역남로와 북로가 갈라진다. 또한 타림하(Tarim河)는 만설설이 쌓여 있는 천산산맥에서 동남으로 흘러내리는 아쿠스하와 남쪽 곤륜산맥에서 흘러내리는 코탄강이 합쳐 사막을 뚫고 동으로 흐르는 타람강의 젓줄을 말한다.

6) 원문 '巨'에 "蚉"라는 병주(倂註)가 붙어 있는데, 이는 중국 음운학에서의 이른바 '반절법(反切法)'의 한 예로 '巨'자를 발음하는 방법을 가리키는 것이다.

7) 옮긴이의 견해로는 여러 사료에서 보이는 '철문(鐵門)'은 두 곳으로 비정된다. 그 하나는 바로 현장과 혜초가 지나간 현 우즈베키스탄의 사마르칸트와 테르메즈 사이에 있는 자연적인 요새인 '철문'을 가리킨다. 이 철문에 관한 내용은 본 『대당서역기』를 비롯하여 『당서』 「서역전(西域傳)」 강국조(康國條)와 『자은전』에도 보이지만 후대의 15세기의 클라비호의 기록도 상세하다. "사람들의 말에 의하면 옛날에는 실제로 철로 덮여진 커다란 관소(關所)의 문이 있었으며 그 절벽 사이에 난 길은 폐쇄되어 있어서 아무도 허가가 없이는 다닐 수 없었다고 한다"라고 설명하고 있다. 또한 이 철문은 우리나라의 『지봉유설(芝峯類說)』 권2 제국부(諸國部)에도 나타나는데 "갈석(渴石)이 있는 살마아한(撒馬兒罕)에 철문이 있다고 하였다. 살마이한은 바로 사마르칸트(Samarkand)이다.

또 다른 한 곳은 서역북로(천산남로)의 현 신장위구르의 옌치[焉耆] 인근의 쿠얼러[庫爾勒]란 곳에서 20분 거리에 있는 인공성곽을 가리키는데, 이곳은 한나라 때(B.C. 174)에 언기 동복도위(僮僕都尉)를 두어 흉노를 수비했다는 첫 기록을

타림 분지의 쿠알러 인근의 철문관 전경

어서[原 倂註: 어느 하루 신 새벽에][8] 만 겹으로 싸인 고개 길로 나아가셨고, 동주(銅柱)[9]의 앞에 몸을 내맡기시고 천강(千江)을 건너 생명까지 바치셨도다.[10]

어느 때에는 며칠을 굶고 여러 날 물도 마시지 못한 일도 [여러

비롯하여 B.C. 138~119년 장건이 서역을 정벌하기 갈 때도 두 번을 지나갔다고 하고 위진남북조시대에 성곽을 세웠고, 당나라 때 이곳에 관리들을 상주시켰다는 등의 기록이 있다. 현재 있는 '철문관(鐵門關)'이란 관문은 고대 성벽의 흔적만 남아 있는 곳에 근래에 새로 지은 것이다.

8) 원문에 [一/旦]이란 괄호 병주가 있어서 새로이 의역해보았다.

9) 한날 제국의 남쪽 경계선에 동으로 만든 기둥을 세워 경계선의 표식으로 삼았다고 하는데, 남쪽 경계는 인도 지나반도 베트남 혹은 캄보디아라고 한다. 천강(千江)은 그 위치가 분명치 않지만 아마도 메콩강을 비정하는 것으로 보인다.

10) 원문 병주에는 "발남국에 천강구(千江口)가 있다[跋南國有千江口也]"라고 되어 있으나 발남국은 지금의 캄보디아를 말하기에 본문의 문맥과는 상관없는 설명문이라 옮긴이가 임의로 각주로 돌렸다.

번] 있었는데, 이때 정신은 희미해지고 근심걱정과 피로로 인해 제 정신을 찾을 수 없었을 때도 있었다.

그곳[인도]을 찾아가는 사람은 반백(半百) 명에 가까웠으나, 정작 [거기] 머물러 있는 사람은 고작 몇 사람뿐이다. 간혹 서쪽 나라에 도착할 수 있었던 사람들도 당나라처럼 사찰이 없기에 마음 놓고 머물며 손님이 되어 수행할 만한 곳이 없었던 까닭에, 여유를 가지지 못한 채 여기 저기로 옮겨다녀야 했으며, 한 곳에 오래 머물러 있기가 힘들어 몸이 편안하지 못하니 어찌 수행에 열중할 수 있으리오.

오호라! 참으로 그분들의 뜻은 높이 칭송되어야 할 것이다. 이에 그분들의 거룩한 행적을 후세에 남겨 전하고자 [나 의정이] 대략 들은 바에 의거하여 적을 뿐이다. 이 가운데 순서는 대개 그분들이 인도로 갔었던 때의 연대·거리·생존·사망 등을 고려하여 순서를 잡았다.

*11)태주의 현조법사(太州 玄照法師)
제주의 도희법사(齊州道希法師)
제주의 사편법사(齊州師鞭法師)

11) 옮긴이 주: * 아래 명단에서 고딕강조된 부분이 번역이 완료된 부분임.

貞操。涉流沙之廣蕩觀化中天。陟雲嶺之峩
岑。輕生殉法。行至*吐蕃中途危厄。恐戒檢
難護遂便暫捨。行至西方更復重受。周遊諸
國遂達莫訶菩提。翹仰聖蹤經于數載。既住
那爛陀。亦在俱尸國。蒙菴摩羅*跛國王甚相
敬待。在那爛陀寺頻學大乘。住輪婆伴娜(在泄
寺名也)專功律藏。復習聲明頗盡綱目。有文
情善草隸。在大覺寺造唐碑一首。所將唐國
新舊經論四百餘卷。並在那爛陀矣。淨在西
國未及相見。住菴摩羅跛國遭疾而終。春秋
五十餘矣。後因巡禮見希公住房。傷其不幸
聊題一絕。七言 百苦亡勞獨進。影四恩
存念契流通如何未謚傳。璒志潘然於此遇
途窮
師鞭法師者。齊州人也。善呪禁閑梵語。與
玄照師從北天向西印度。到菴摩羅割跛城
爲國王所敬。居王寺與道希法師相見。申鄉
國之好。同居一夏遇疾而終。年三十五矣
阿離耶跋摩者。新羅人也。以貞觀年中出長
安之廣脇(王城小名)追求正教親禮聖蹤。住那爛
陀寺。多閑律論抄寫衆經。痛矣歸心所期不
契。出雞貴之東境。沒龍泉之西裔。卽於此寺
無常。年七十餘矣(雞貴者。梵云矩矩吒䐶說羅。矩矩吒是雞。*䐶說羅是貴。卽高麗國也。相傳云。彼國敬雞神而取尊。故戴翎羽而表飾矣。那爛陀有池。名曰龍泉。西方喚高麗爲矩矩吒䐶說羅也)
慧業法師者。新羅人也。在貞觀年中往遊西
域。住菩提寺觀禮聖蹤。於那爛陀久而聽讀。
淨因檢唐本。忽見梁論。下記云。在佛齒木樹
下新羅僧慧業寫記。訪問寺僧。云終於此。年
將六十餘矣。所寫梵本並在那爛陀寺
玄太法師者。新羅人也。梵名薩婆愼若提
婆(*唐云一切智天)永徽年內取*吐蕃道。經泥波羅到
中印度。禮菩提樹詳檢經論。旋踵東土行至
土谷渾。逢道希師覆相引致。還向大覺寺
後歸唐國。莫知所終矣
玄恪法師者。新羅人也。與玄照法師貞觀年
中相隨而至大覺。旣伸禮敬遇疾而亡。年過
不惑之期耳
復有新羅僧二人。莫知其諱發自長安遠之
南海。汎舶至室利佛逝國西婆魯師國。遇疾
俱亡
佛陀達摩者。卽覩貨速利國人也。大形模足
氣力習小教。常乞食少因興易。遂届神州
云。於益府出家。性好遊涉。九州之地無不履
焉。後遂西遊周觀聖迹。淨於那爛陀見矣。後
乃轉向北天。年五十許
右一十人
道方法師者。幷州人也。出沙磧到泥波羅。
至大覺寺住。得爲主人經數年。後還向泥
波羅于今現在。旣虧戒檢不習經書。年將老
矣
道生法師者。幷州人也。梵名栴達羅提婆(唐云月天)
以貞觀末年從*吐蕃路。往遊中國。到菩提
寺禮制底訖。在那爛陀學爲童子。王深所禮
遇。復向此寺東行十二驛有王寺。全是小
乘。於其寺內停住多載。學小乘三藏精順正
理。多齎經像言歸本國。行至泥波羅遘疾而
卒。可在知命之年矣

『구법고승전』의 현태 및 신라 승려들 7명에 관한 기술 부분

*신라의 아리야발마법사(新羅 阿離耶跋摩法師)

*신라의 혜업법사(新羅 慧業法師)

*신라의 현태법사(新羅 玄太法師)

*신라의 현각법사(新羅 玄恪法師)

*신라의 또 두 분(新羅 復有法師二人)

토카라의 불타발마사(覩貨羅佛陀跋摩師)

병주의 도방법사(幷州道方法師)

병주의 도생법사(幷州道生法師)

병주의 상민선사(幷州常慜禪師)

상민의 제자 한 사람(常慜弟子一人)

경사의 말저승가사(京師末底僧訶師)

경사의 현회법사(京師玄會法師)

질다발마사(質多跋摩師)

토번 공주 이모식 2인(吐蕃公主嬭母息二人)

융법사(隆法師)

익주의 명원법사(益州明遠法師)

익주의 의랑율사 및 그 아우(益州義郎律師並弟)

익주의 지안사(益州智岸師)

익주의 회녕율사(益州會寧律師)

교주의 운기사(交州運期師)

교주의 목차제바사(交州木叉提婆師)

교주의 규충법사(交州窺沖法師)

교주의 혜담법사(交州慧琰法師)

신주법사(信胄法師)

애주의 지행법사(愛州智行法師)

애주의 대승등선사(愛州大乘燈禪師)

강국의 승가발마사(康國僧伽跋摩師)

고창의 피안과 지안(高昌 彼岸·智岸)의 두 사람

낙양의 담윤법사(洛陽曇閏法師)

낙양의 의휘논사(洛陽義輝論師)

대당승 3인(大唐僧三人)

*신라의 혜륜사(新羅慧輪師)

형주의 도림법사(荊州道琳法師)

형주의 담광사(荊州曇光師)

또 한 사람의 당나라 승려(又大唐一人)

윤주의 현규율사(潤州玄逵律師)

형주의 혜명선사(荊州慧命禪師)

진주의 선행사(晋州善行師)

양주의 영운법사(襄州靈運法師)

*예주의 승철선사와 제자(澧州 僧哲禪師弟子) 고구려 현유(玄遊)

형주의 법진선사(荊州法振禪師)

형주의 승오선사(荊州乘悟禪師)

양주의 승여율사(梁州乘如律師)

예주의 대진법사(澧州大津法師)

위에 적혀 있는 것은 무릇 56명으로 먼저 적혀 있는 분들은 돌아가셨거나 행방을 알 수 없게 된 분도 많다. [소납(小臘)][12] 의정이 돌아올 때 무행(無行)·도림(道琳)·혜륜(慧輪)·승철(僧哲)·지홍(智弘) 법사 등의 다섯 분이 [인도에 남아] 계셨던 것을 보았다. 돌이켜보건대 수공 원년(垂拱元年, 685)에 무행법사와는 인도에서 헤어졌으나 지금 어디에 계시는지 생사조차 알 수 없다.

12) 승려들이 자기를 가리킬 때 겸양의 뜻으로 부르는 말로, 납이란 출가한 나이인 법납(法臘)을 말한다.

대당서역구법고승전 권상

1. 태주(太州) 현조법사

현조법사(玄照法師)는 태주(太州) 선장(仙掌) 출신으로 인도 이름은 프라카샤마티(般迦舍末底/ Prakāsyamāti)라고 한다.[1] 그의 할아버지와 아버지는 대부(大夫) 이상의 높은 벼슬을 하여 내려왔던 집안으로, 그는 어른이 되기도 전에 머리의 빗을 뽑고 속세를 떠나 승려가 되어 서른 살에 불교의 성지를 순례하려는 뜻을 품게 되었다.

드디어 장안으로 찾아가서 불교의 경과 학설을 듣고 태종 정관(靜觀) 연간(627~649)에는 대흥성사(大興聖寺)에서 현증(玄證)에게 처음으로 범어(梵語)를 배웠다.

이때부터 석장을 끌고 서쪽 인도로 건너가서 기원정사(祇園精

1) 원문 "당에서는 조혜(照慧)라고 한다"라는 병주(倂註)가 붙어 있으나 각주로 돌렸다.

證師處。初學梵語。於是仗錫西邁掛想祇
園。背金府而出流沙。踐鐵門而登雪嶺。漱香
池以結念。畢契四弘。陟葱阜而翹心誓度。三
有途經速利過覩貨羅。遠跨胡疆到*吐蕃國
蒙文成公主送往北天。漸向闍闌陀國。未至
之間。長途險隘爲賊見拘。既而商旅計窮控
告無所。遂乃援神寫契仗誠明衷。夢而感
徵。覺見群賊皆睡。私引出圍。遂便免難。住闍
闌陀國經于四載。蒙國王欽重留之供養。學
經律習梵文。既得少通。漸次南上到莫訶菩
提。復經四夏。自恨生不遇聖。幸覩遺蹤。仰慈
氏所制之真容。著精誠而無替。爰以翹敬之
餘。沈情俱舍。既解對法。淸想律儀兩敎斯明。
後之那爛陀寺。留住三年。就勝光法師中百
學等論。復就寶師子大德受瑜伽十七地。禪
門定澂。亟覩關涯。既盡宏綱。遂往弶巨亮反
伽河北。受國王苫部供養。住信者等寺復歷
三年。後因唐使王玄策歸鄉。表奏言其實
德。遂蒙降勅。重詣西天追玄照入京。路次
泥波羅國。蒙王發遣送至*吐蕃。重見文成
公主。深致禮遇。資給歸唐。於是巡涉西蕃而
至東夏。以九月而辭苫部。正月便到洛陽。五
月之間途經萬里。于時麟德年中。駕幸東洛

『구법고승전』의 목차와 현조법사 부분

舍)[2]에서 수행하려는 뜻을 품고 [비단길로 가는 요충지인] 금부(金府, 현 蘭舟)를 떠나 타클라마칸의 큰 사막으로 나와 철문(鐵門)[3]을 지나 힌두쿠시산맥에 올라가서 향지(香池)[4]에서 몸을 닦고 널리

---

2) 꼭 스라바스티의 제타바나를(Jetavana) 의미하기보다는 일반적으로 잘 알려진 불교의 큰 수행처를 의미한다고 보면 된다.

3) 여러 사료에서 보이는 '철문(鐵門)'은 두 곳이 확실한데, 그 두 곳을 모두 직접 가본 옮긴이의 견해로는 국내의 여러 백과사전을 비롯한 자료들이 혼동을 하고 있기에 이를 밝히고자 한다. 그 철문 중의 하나는 현장의 『대당서역기』 권1에 나오는 바로 그곳으로 현 우즈베키스탄의 사마르칸트와 테르메즈 사이에 있는 자연적인 요새가 그곳이고, 또 다른 한 곳은 서역북로(천산남로)의 현 신장 위구르의 옌치[焉耆] 인근의 쿠얼러[庫爾勒] 동북 8km에 있는 협곡에 만들어진 인공 관문이다. 한나라 때(B.C. 174)에 언기 동복도위(焉耆僮僕都尉)를 두고 철문에서 흉노를 방어했다는 기록이 있고, B.C. 138~119년 장건이 서역을 갈 때도 두 번을 지나갔다는 기록이 있으며, 위진남북조시대에 성곽을 건설하였고, 당나라 때는 이곳에 관리들을 상주시켰다는 등의 기록이 있다. 그러니까 당나라의 시인 잠삼(岑參)이 「제철문관루(題鐵門關樓)」라는 시를 지었다는 곳도 이곳일 가능성이 높다. 사진에 보이는 현재의 철문관(鐵門關)은 고대 성벽의 흔적만 남아 있는 곳에 근래에 돌로 쌓은 벽 위에 2층 누각을 새로 지은 것이다.

4) 의정은 현조법사가 향지(香池)에서 몸을 닦았다고 기술하고 있지만, 사실은 그

파미르고원을 넘나드는 카라코람 하이웨이(Kkh)

네 가지 서원[四弘誓願][5]을 다할 것을 결심하고 총령(蔥嶺, 葱阜)[6]에

럴 가능성은 별로 없기에 전문에 의한 가정을 쓴 것으로 보인다. 본 〈실크로드 고전여행기〉 총서에서 자주 설명하고 있는 8세기 당시의 〈남염부주도〉를 보면 향지는 현 서부 티베트 카일라스산(Kailas M./ 香山) 아래에 있는 마나사로바(Manasarova)호수를 말하기에, 현조 일행이 천축으로 가기 위해 이용했던 이른바 '토번로'는 티베트 중부의 '키룽'을 통과하기에 그곳과는 상당한 거리가 있기 때문이다. 다만 그 호수에서 흘러내린 하류의 물에서 목욕을 한 것을 은유적으로 기록한 것이 아닐까 한다. 이에 관해 자세한 사항은 〈남염부주도〉를 참조하기 바란다.

5) 사홍서원(四弘誓願): 보살의 네 가지 큰 서원(誓願)을 말한다. "衆生無邊誓願度 煩惱無盡誓願斷 法門無量誓願學 佛道無上誓願成."

6) 원문인 총부(葱阜)는 바로 총령 또는 파미르고원을 말하며 현조(玄照)의 행로의 전문(前文)을 살펴보면 티베트의 서쪽 경계선인 서북 히말라야의 산계(山系)를 가리킨 것이 확실하다. 총령의 유래는 "돈황 서쪽 팔천 리 거리에 있는 높은 산인데, 산상에서 파(葱)가 나므로 옛날에 총령이라고 하였다고 한다"라고 한 것을 보면 파에 관련된 지명으로 현재까지도 파미르고원의 설선(雪線) 이상의 암석 틈에서 야생파가 자라고 있다고 하니 이 유래가 신빙성이 있다고 하겠다.

한편 범어에서의 파미르(Pamir)는 '거친 황야'를 뜻하고 페르시아어인 바미둔야(Bam-i-dunya)는 '평평한 지붕'이라는 의미라고 하는데, 그렇다면 현재 일반

히말라야 산맥을 넘어서 네팔로 가는 5,000m급의 고개길

올라가서는 정성껏 삼유(三有)[7]를 극복할 것을 맹세하였다.

길은 소그드(Sogd/ 速利)[8]를 거쳐 토카라(Tokara/ 睹貨羅)를 지나 멀리 호인의 나라들을 뚫고 토번(吐蕃)에 이르러 문성(文成) 공주의

적으로 쓰이는 '세계의 지붕' 뜻과 어원은 범어의 '음'에 페르시아어의 '뜻'이 혼용되어 고착화된 것으로 보인다. 파미르고원은 힌두쿠시·카라콜룬·히말라야·쿤룬·천산산맥 등 아시아의 거대 산맥들을 거느리고 있는 곳으로 동서 문명 교류의 대동맥인 실크로드 오아시스 육로의 필수 경유지로써 오아시스 남·북 양도가 이곳을 지난다. 옛부터 파미르고원을 횡단하는 길은 여러 가지 있는데 자세한 루트는 「〈부록〉 대실크로드의 주요 루트와 파미르고원을 넘는 갈래길」을 참조하기 바란다.

7) 욕유(欲有)·색유(色有)·무색유(無色有)를 말하는 것으로 일반적으로는 모든 소유욕을 의미한다. 인간이 사는 이 세계는 욕망의 세계의 업인(業因)·과보(果報)가 깊이 뿌리박고 있다고 보는 것이 '욕유'이며, '색유'는 물질계(物質界)의 인과가 실재(實在)한다는 것, '무색유'는 우리 몸의 여러 감각기관을 통하여 인식되는 세계의 인과응보가 실재하고 있는 것으로 보는 것이다.

8) 본서의 「불타달마(佛陀達摩)」조에는 그의 출신지를 "토카라 속리국 사람이다[覩貨速利人也]"라고 되어 있어서 의정은 토카라를 소그드보다 넓은 의미로 사용한 것으로 보이나 사실은 두 곳은 별개의 지명이다. 소그드는 바로 현 우즈베키스탄을 중심으로 하는 아무다리야강과 시르다리야강 사이의 오아시스 국가들의 땅을 가리키는 지형 이름이고, 토카라는 현 아프가니스탄 북부의 발흐(Baikh)를 중심으로 하는 헬레니즘의 전승자였던 옛 토카리스탄 지방을 말하는 것이다.

전송을 받으며[9] 북부 인도로 가서 자란다르(Jalandar/ 闍闌陀國)[10]로 향하며 발길을 서둘렀다.

그러나 미처 도착하기 전에 멀고도 험악한 길에서 도적에게 사로 잡혀 버렸는데, 더 여행할 수 있는 특별한 묘책도 막히고 그렇다고 호소할 곳조차 없었다. 그래서 불보살의 영정을 빌려 보이지 않는 여러 거룩하신 신들에게 빌었더니 꿈속에서 감응이 있음을 깨달았는데, 잠에서 깨어보니 도적의 무리들은 모두 잠자고 있었기에 가르침에 따라 가만히 도적무리들로부터 빠져나와 겨우 그 난을 면하였다.

[현조는] 자란다르국에서 4년 동안을 머물렀는데, 국왕으로부터 깊은 환영과 존경을 받게 되어 이곳에서 공양을 받으면서 경(經)·율(律)을 배우고 범문(梵文)을 배워 조금은 알게 되었다.

그 후 점차 남으로 내려가 마하보리(莫訶菩提/ Mahabodhi)사원[11]에 이르러 다시 경을 배우며 4년의 하안거를 지냈다. 이 세상에 태어나 거룩하신 여래를 뵙지 못한 것에 대해 스스로 안타까움을

---

9) 이 대목은 역시 의정의 혼동으로 보인다. 문성 공주의 도움으로 토번을 통과하여 바로 네팔을 경유하여 중인도로 가는 길은 이른바 '토번로'로 현조법사가 후에 당나라의 사신 왕현책과 동행하여 귀국하였을 때만 사용한 길이기에, 현조법사 혼자 처음으로 인도로 내려올 때의 루트인 타림분지-파미르고원-철문-소그드-토카라-자란다르-서북인도를 경유하는 정통 실크로드와는 상관이 없는 길인데, 토번에서 북인도로 바로 왔다는 것은 말이 안 되기 때문이다.

10) 현 서북 인도의 인더스하 상류 자란다르에 세워졌던 나라로 중세기에는 인도 전역의 승려에 관한 업무를 맡기도 하였던 불교가 성하였던 나라였다. 『왕오천축국전』에는 '쟈란달라국'으로 기술하고 있다.

11) 현 비하르주의 보드가야의 마하보리사원의 대탑을 말한다. 석존께서 보리수 아래에서 위 없는 깨달음인 '아뇩다라삼먁삼보리'를 얻은 그곳으로 '불교의 4대 성지' 중에서 으뜸으로 치는 곳이다. 현재 남아 있는 마하보리가람(伽藍)은 당나라 사람들이 말하는 대각사(大覺寺)로 원래 이 사원은 스리랑카의 왕이 그 나라 승려들의 인도 여행의 편의를 꾀하여 세운 사찰로 숙박할 곳이 없었던 당의 승려들도 자주 머물며 많은 편의를 얻었다고 한다. 현장뿐 아니라 혜초도 룸비니·녹야원·구시나가라와 더불어 이 마하보리 등 '4대 영탑'에 대해 언급하고 있다.

보드가야의 상징인 마하보리사원 대탑

품고 있었지만, 다행히 거룩한 [여래께서][12] 남긴 자취를 보았고 미륵보살[慈氏][13]이 마련한 화상(畵像)을 바라볼 수 있었다.

이는 정성을 다해 거룩한 여래를 뵙는 것과 다름이 없는 일이라 믿게 되어 거룩하신 여래를 더욱 존경하게 되었고, 구사학(俱舍學/ Kosā)[14] 연구에 깊이 뜻을 두어 대법(對法/ Abhidhārma)[15]을 깊이 터득하게 되었다. 계율(戒律)의 준칙인 계의(戒儀)를 순화하는 데 있어서도 뜻을 가져 이에 대승(大乘/ Mahāyāna)[16]과 소승(小乘/ Hinayāna)[17]의 두 교리에도 눈이 밝게 되었다.

---

12) 의정의 원문에는 佛, 佛陀, 如來, 釋迦, 世尊, 미륵보살 등의 전문용어가 보이지 않고, 다만 '聖'이나 '慈氏'란 한두 글자만 되풀이되고 있어서 궁금함을 자아내게 한다.

13) 보리수의 동쪽에 있는 보디가야 대탑에 미륵보살이 마련하였다고 전하여지는 좌불의 화상이 있는데, 높이 1장 1척 5촌으로 『대당서역기』 권8에는 그려진 경위와 보존 상태에 대해 상세하게 기록되어 있다.

14) 4세기에 세친(世親/ Vasubandhu)이 지은 『아비달마구사송(阿毘達摩俱舍頌)』 600송(頌) 및 이 송을 해석한 세친의 『아비달마구사론(阿毘達摩俱舍論)』 현장의 번역으로 30권을 기본으로 연구하는 '논장(論藏)'을 말한다. 구사론은 팔품(八品)으로 나뉘어져 있는데, 먼저 현실세계를 성립케 하는 요소적인 법칙을 설명하고 이어 연기설, 인도의 우주관, 지리설까지 들어 소승불교의 이해뿐 아니라 대승불교의 기초학으로 높이 평가받고 있다.

15) 불교에서는 지(智)를 '분별지'와 '무분별지'로 구분하고 있는데, 우리들이 보통 말하는 판단능력인 '분별지'에 대해 인간이 진실한 생명에 눈을 뜨면서 얻는 근원적인 참지식을 '무분별지'라고 하는데, 이 참지식으로 일체의 실상을 마주보는 것을 '대법'이라 한다. 『대비바사론(大毘婆沙論)』 같은 것이 그 대표적인 것이다.

16) 서기 2세기 무렵부터 나타난 혁신적 불교로서 불교의 근본정신으로 되돌아가 일체를 공(空)이라고 주장하고, 또 수행에 있어서는 자기만의 깨달음에 만족하지 않고 나아가 중생의 구제까지도 하여야 한다고 역설하였던 학파에서 시작되어 현재는 남방불교와 대조되는 뜻으로 북방불교의 대명사로 와전되어 버렸다.

17) 시기적으로는 대승이 나타나기 전 단계까지의 상좌, 부파불교를 말하지만, 현재

그 후에는 나란다(Nalānda/ 那爛陀寺)사원에 가서 여기에서 3년 동안 머물렀다. 승광법사(勝光)로부터는 중론(中論)과 백론(百論)[18]을 배우고, 또 보사대덕(寶師大德)으로부터는 유가십칠지(瑜伽十七地)[19]를 배워 선(禪)을 수행하는 분야에 있어서는 넘치는 듯한 깨달음의 경지에 종교적인 즐거움을 누릴 수 있게 되어 그 깊이를 더 하였다.

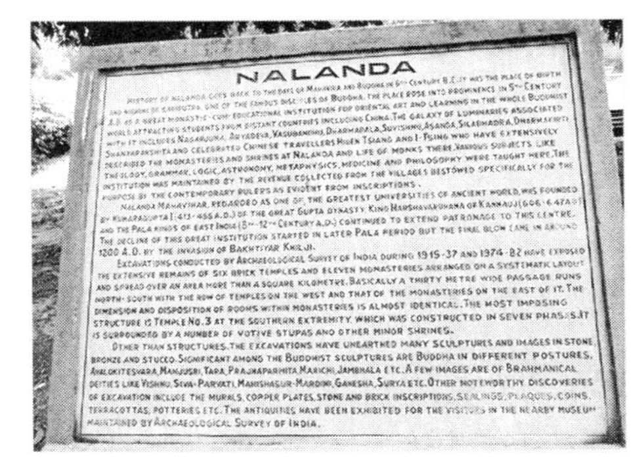

나란다사원 유적지의 안내 간판

다시 갠지스강(Ganges R.)의 북쪽으로 가서 잠푸(Champu/ 苫部)[20] 국왕의 공양(供養)을 받아 신자사(信者寺)[21] 등에서 머물며 또 3년을 지냈다.

그 후에 당나라의 사신으로 왔던 왕현책(王玄策)이 고향으로 돌아가서 황제에게 글을 올려 그[현조]의 학식과 덕망을 소개함으로

는 북방불교 이외의 불교를 말하는 것으로 잘못 사용되고 있다. 불타의 가르치심에 지극히 집착하는 것을 성스러운 전통으로 삼고, 또 만물의 실체를 긍정하여 현상을 구체적으로 고찰하려 하였고, 수행에 있어서도 자신만의 깨달음으로 만족하여 다른 사람을 구제하려 하지는 않았다는 비판을 북방불교에서 받고 있다. 그 깨달은 사람을 아라한(阿羅漢)이라 하였다.

18) 중관론(中觀論)이라고도 한다. 서기 2세기에 용수보살(龍樹菩薩)이 불교에서의 중심과제의 하나로 되어 있는 공에 대한 새로운 견해를 통하여 대승불교의 진리체계를 꾀한 학설을 담은 것으로 4권으로 되어 있다. 또한 용수의 제자인 제바보살(提婆菩薩)이 역시 그 스승의 뜻을 이어 소승이나 이교도들의 견해를 바로잡기 위하여 백게(百偈)로 구성된 논서를 주장하였기에 백론이라고 한다.

19) 대승불교 중의 유가(瑜伽/ Yoga)파의 이론을 전개한 책으로 미륵보살이 설명하여 현장이 번역하였다는 『유가사지론(瑜伽師地論)』 100권을 말한다.

20) 잠부(苫部/ Champu)는 갠지스강 북쪽 바이샬리국(毘舍離國)에 세워진 암마라발국(菴摩羅跋國)의 국왕으로 불교를 믿어 네팔을 거쳐 인도에 들어오는 중국 승려를 후대하여 많은 편의를 주었다고 기록되어 있다.

21) 암마라발국의 사찰이며 이곳에 유학한 당나라 승려는 적지 않았다.

티베트고원을 통하여 인도를 세 번이나 왕복한 당나라 사신 왕현책의 초상화

써 드디어 칙서를 내려서 다시 그[왕현책]로 하여금 인도로 내려가 현조법사를 찾아 당나라로 돌아오도록 하였다.

[그래서 왕현책과 현조 일행이] 돌아오는 길에 네팔(Nepal/ 泥波羅)[22]에 들렀는데, 국왕은 사람을 시켜 그들을 전송해주었다. 귀로에 토번국의 [라싸에] 들러 다시 문성 공주를 만나게 되었는데, 깊이 예우를 다하고 많은 도움을 주어 당나라로 돌아갈 수 있게 하였다.

이에 서번(西蕃) 땅을[23] 걸어서 동쪽에 있는 당나라에 이르렀다. 9월에 잠푸국왕의 나라를 떠났는데, [다음해] 정월에 낙양에 도착하였으니, 다섯 달 동안에 걸어온 길이 만 리나 되었다.

이때가 [고종(高宗)] 인덕(麟德) 연간(664~665)이었는데, 황제께서는 낙양에까지 납시었다. 이에 [현조는] 궁전에서 황제를 알현하였는데, 황제의 뜻을 받들어 다시 카슈미르국(Kashmir/ 羯濕彌羅國)[24]까지 가서 장년(長年) 브라만(Brahman/ 波羅門), 즉 로카야타(Lokayāta/ 盧迦溢多)[25]파의 방사(方士)를 찾아오게 하였다.

---

22) N. B. Thapa, *A Short history of Nepal*, Katumendu, Nepal, pp. 21~23에는 "네팔의 역사에 우다야데바(Udayadeva)의 아들 나렌드라데바(Narendradeva)는 당나라와 토번에 우호적이었고 647년에 왕현책이 이끄는 사절단이 네팔에 입국했다 하였다"라고 기록하고 있는 것을 보아도 왕현책과 현조법사 일행이 네팔을 경유한 것은 틀림없다고 비정되고 있다.

23) 티베트의 동쪽 땅인 지금의 중국 청해성(青海省) 남쪽 일대의 차이담분지로, 옛 토욕혼의 땅을 가리킨다.

24) 현 인도 북부의 카슈미르주로 수도를 지금의 스리나가르(Srinagar)에 두었던 나라로 혜초의 『왕오천축국전』에는 가라국(迦羅國)·가미라국(迦彌羅國)·가섭미라국(迦葉彌羅國) 등으로 부르면서 자세한 기록을 남기고 있다.

25) 인도의 여러 철학과 종교 중에서 오로지 고행(苦行)을 통하여 진리를 추구하는 자이나교(Jaina)와는 정반대로 육체적 욕망을 가장 많이 누리며 오래 사는 것이

당과 토번의 정략결혼으로 라싸로 시집 와서 두 나라의 우호와 이른바 '토번로(吐蕃路)'를 개척하는데 공헌을 한 문성 공주의 소상

최대의 행복이라고 주장하며 도덕과 종교를 부정하던 인도의 유물론파를 말하는데, 이들을 '장년(長年) 브라만(波羅門)'이라고도 한다. 말하자면 중국의 도교(道教)와 맥을 같이한다고 보인다.

[현조가] 낙양에 머물면서 여러 대중들과 서로 만나서 불법의 올바른 자세를 논하였는데 경애사(敬愛寺)의 도율(道律), 관법(觀法) 스님[26] 등에게서 〈설일체유부(設一切有部/ Sarvāstivādā)〉[27]를 번역할 것을 청하였기 때문이었다.

[그러나] 이미 황제의 칙명이 있었기에 다시 인도로 갈 것을 독촉 받아 그가 품고 있던 소망도 이루지 못한 채 가지고 온 범어불서(梵語佛書)를 모두 장안에 남겨놓고 다시 대사막을 건너가서 적석령(磧石嶺/ Karakoram Pass)[28]을 올라가게 되었다. 좁고 꾸불꾸불하며 높이가 고르지 않고 험악하여 걸어서는 갈 수 없는 산길을 기어이 오르고 깊은 계곡에 밧줄로 걸어놓은 흔들다리 위를 온몸을 밧줄에 매달려 건너갔다.

[법사는] 토번의 도적들을 만나서 목을 내놓았으나 살아남은 일도 있고 야만족의 강도들과 마주쳐 겨우 목숨을 건져낸 일도 있었다.

여행을 계속하여 북인도의 경계에 이르렀을 무렵에 당나라 사신들이 방사(方士)인 로카야타를 데리고 오는 것을 만나게 되었

---

26) 원문은 "敬愛寺 導律師 觀法師 等"임으로 경애사의 도율 스님과 관법 스님 등이란 뜻인데, 이용법 역주본에는 도율寺, 관법寺라고 번역되었기에 착오가 분명하니 이를 정정하여 바로 잡았다.

27) 원문은 〈살바다부율섭(薩婆多部律攝/ Sarvāstivādā)〉이나 〈설일체유부(設一切有部)〉가 일반적인 명칭이어서 바꾸어 넣었다. 고전적인 〈상좌부(上座部)〉와 갈라서서 일체제법의 실유를 내세워 그 근원을 설명하는 불교이론을 〈설일체유부(設一切有部)〉라고 칭한다. 이것은 뒤에 의정에 의하여 번역되었다.

28) 타림분지의 서역남로 서쪽 끝에 있던 옛 주구파국(朱駒波國)에서 인도 서북부의 카슈미르로 바로 넘어가는, 파미르고원의 동쪽 끝의 카라고람산맥을 넘는 고개인 적석령(磧石嶺)을 말하는데, 이 '주구파국'은 바로 위구르인들이 카르갈리크(Karghalik/ 哈爾碣里克)로 부르는 도시로, 중국명으로는 현 예칭[葉城]으로 티베트·서역남로·총령으로 갈라지는 교통요지이다. 그러니까 또 다른 파미르고원의 동쪽 끝을 넘는 순례로이며 실크로드인 셈으로 옮긴이는 이 루트를 편의상 〈현조로(玄照路)〉로 부르기로 한다.

다. 이 방사는 현조법사 및 아랫사람 수 명으로 하여금 서인도의 라다국(羅荼國/ Wada)[29]에 가서 장생불로약[30]을 가지고 오도록 하였다.

그래서 길을 [토카라 지방의] 발호(Balkh/ 縛渴羅)[31]를 지나 나바비하라(Navavihara/ 納縛毘訶羅)[32]에서 여래께서 몸을 씻으시던 곳 등의 여러 성적을 찾았다.

---

29) 현 인도 서북부의 현 와다(Wada)라는 곳으로 현장의 『대당서역기』 권11의 마하라타국(摩訶刺吒國)으로 나타나는 곳으로 당시는 불교가 흥성하여 가람의 수가 백이 넘으며 승려들도 5천여 명이 있었을 뿐 아니라 다른 이교도도 많았다고 전하고 있다.

30) 원문에는 장년약(長年藥)이라고 되어 있지만, 역시 순화하였다.

31) 파미르고원에서 아랄해로 흘러들어가는 아무다리야강(Oxus R.) 유역에 있는 옛 토카라 지방의 도시 이름으로, 토카라에 대해서는 중국 쪽 자료들과 서양 쪽 자료들로 대별된다. 중국 쪽은 『신당서』 권221에 "토화라는 토활라(土豁羅)·도화라(覩貨邏)·토호라(吐呼羅)라고 하였는데, 총령 이서와 오호하(烏滸河/ Oxus江) 이남의 대하(大夏) 고지에 자리하고 있으며 읍달인(悒怛人)들과 혼거하고 있다.

한편 알렉산드로스 대왕의 동정 이후 식민지에 건설된 여러 개의 식민도시 알렉산드리아 중에 하나가 '박트리아(Bctria)-알렉산드리아'로 현 발호로 B.C. 255년에 그리스인의 셀류쿠스(Seleucus) 왕조에서 독립하여 동서양 융합된 왕조를 탄생시켰다. 혜초는 "바미얀국으로부터 북쪽으로 20일을 가면 토화라국(吐火羅國)에 이른다. 왕이 사는 성의 이름은 발호(Balkh/ Bactra/ 縛底耶)이다"라고 정확하게 기록하고 있다. 그러나 현재 그 찬란한 헬레니즘의 꽃을 피웠던, 고대 박트리아(Bactria)의 고도 발호는 현재 너무나 작은 마을로 변했기에 아프간 지도에서 조차 찾기 어렵게 되었다. 옮긴이의 『혜초따라 5만리』(하), 여시아문, 2005에 발호 방문기가 자세하다.

발호는 한의 무제(B.C. 104~101) 사마천(司馬遷)이 지은 『사기』 「서역전」에도 자세하게 기술되어 있다. 그 「대하(大夏/ Bactria)」조에 의하면 "대원(현 페르가나)에서 서남으로 2천여 리로서 위수(僞水/ 아무다리야) 남쪽에 있다. 그 풍속은 토착생활을 하고 성벽과 가옥이 있는 것이 대원과 같다. 대수장은 없고 곳곳에 작은 족장이 있다. 그 군대는 약하여 전쟁을 두려워하나 장사는 상당히 잘한다. 대월지가 서쪽으로 진출하자 속국이 되었다. 대하의 인구는 많아서 100여만 명이며 그 도읍은 남시성(藍市城/ Balkh)으로 바자르가 있어 각종 물건을 판매한다. 그 동남에 신두국(身毒國/ India)이 있다"라고 기록하고 있다.

32) 원문에는 "당에서는 '새절'이라고 부른다"라는 병주가 붙어 있으나 번역할 필요가 없어서 각주로 돌린다.

다시 길을 서둘러 카피샤(Kapisha/ 迦畢試國)[33]에 이르러 여래의 정골(頂骨)에 예배하고 향과 꽃을 갖추어서 공양하고 그 인문(印文)을 얻어 내생(來生)의 선악을 보았다.

다시 신도국(信度國)[34]을 지나 겨우 라다국에 도착하였다. 그곳 왕의 예우와 존경을 받으며 4년 동안 수행하였다. 남인도를 이곳 저곳으로 다니며 여러 가지 잡약(雜藥)을 구하여 동쪽으로 향해 중국으로 되돌아가려 하였다.

금강좌(金剛座)[35]에 이르렀다가 다시 돌아 나란타사에 와서 의정(義淨)과 서로 만나 이 세상에서 품고 있던 소망을 다 풀고 더불어 내세에서는 용화세계(龍華)[36]에서 만날 것을 맹세하였다.

그러나 네팔로 통과하는 길은 토번이 가로막고 있어 지나갈 수 없고 카피샤로 가는 길은 대식국(大食國, 多氏者) 사람들이 침입하여 통과하기 어려운 실정이었다.

이에 잠시 영취산(靈鷲山)[37]에서 수행하고 죽림정사[38]에도 머물

---

33) 지금의 아프가니스탄의 카불(Kabul) 북쪽의 베그람(Bagi-Alam)을 수도로 하는 나라 이름으로 『왕오천축국전』에는 계빈국(罽賓國)이라 부르며, 기후·물산·종교에 관하여 흥미 있는 기록을 남겨놓고 있다.

34) 인더스하 하류에 있는 큰 나라의 이름으로 지금의 파키스탄의 사아완(Sahwan)으로 비정하고 있다.

35) 싯다르타께서 '무상정등정각'의 경지인 '아뇩다라삼먁삼보리'를 증득하셨던 보드가야에 있는 보리수 아래의 보좌로 지금도 둥근 대석(臺石)이 상징적으로 놓여 있다.

36) 미륵보살이 화림원(華林園)의 용화수(龍華樹) 아래에서 삼세에 대한 설법을 하여 용화세계라 부른다. 일반적으로 도솔천과 같은 뜻으로 쓰인다.

37) 중부 인도의 옛 마가다 왕국 수도 왕사성(王舍城/ Rājagrha) 동북쪽에 있는 산 이름으로 범어로는 그르드쿠타(Gṛdhrakūṭa/ 耆闍崛山)라고 하며 산에 독수리가 많아 붙여진 이름이라고 한다. 산 정상에 붓다께서 『법화경(法華經)』을 설하신 곳을 비롯하여 많은 기념비적인 유적이 많다.

38) 왕사성이었던, 현 라즈기르의 베누만비하르, 즉 죽림정사를 말하며 가란다죽원(迦蘭陀竹園)이라고도 한다. 옛 왕사성의 북쪽에 있으며 원래는 가란다장자(長者)의 정원이었던 것을 여래에게 바쳐 여기에 최초의 정사이자 승원(僧院)으로 운영되었다.

러 보려고 하였다. 그러나 항상 불법을 널리 포교할 뜻을 품고 있었다 할지라도 가을이 되어 나뭇잎이 떨어지는 것과 같이 몸이 늙어 기운이 떨어지는 것은 어찌하리오.

불교 최초의 승원이었던 왕사성 내에 있는 죽림정사 터. 대나무 숲 뒤로 최근에 지은 법당이 보인다.

오호라! 슬픈 일이다. 불법을 널리 펴려고 몸과 목숨을 던져 정성을 다하며 먼 외국을 이곳저곳으로 돌아다녔으나 중생(衆生)에게 도움을 주려는 뜻을 이루지 못한 채 많은 소원을 품고 중부 인도에서 부러진 날개를 가진 새같이 떨어지고 말아 중부 인도 암마라발국(庵摩羅跋國)[39]에서 병을 얻어 세상을 떠나셨는데, 나이는 60여 세였다. [여기에 다씨(多氏)라고 하는 것은 대식국(大食國)을 말하는 것이다.]

그의 죽음을 슬퍼하며 읊는다.

뛰어난 큰 뜻은 이 세상에서는 찾아볼 수 없고
자주 가는 버드나무 여러 곳을 거쳐 몇 번이나
험한 기련산맥(祁連山脈)[40] 아래를 거닐었는가!
상하(祥河/ Nairanjana R.)[41]에 몸을 씻고

---

39) 본서 각주 20)에 있는 잠푸왕(Champu)의 나라를 가리키며 갠지스하 북쪽 바이샬리국(毘舍離國)에 세워진 암마라발국(菴摩羅跋國)을 말한다. 잠푸왕이 불심이 돈독하여 중국 승려를 후대하여 많은 편의를 주었다고 기록되어 있는 곳으로 보아 병든 현조법사의 말년을 돌보아준 것으로 보인다.

40) 중국의 깐수성(甘肅省/ Gansu)의 장예[張掖]현에서 동남 만리장성의 종점지인 양관(陽關)까지 뻗쳐 있는 산맥을 말한다. 그 아래로 하서주랑(河西朱廊)이 펼쳐져 있어서 옛부터 실크로드의 시발점으로 주로 이용되어 왔다.

기련산맥 양관유적지와 사막

죽림정사(竹林精舍)에 발자취를 남기고
뛰는 그 마음 깊이깊이 간직하고 있었던 것은
다만 오로지 불법을 널리 펼쳐보려는 소망뿐,
뜻은 한평생 보리심(菩提心)[42]에 있도다.
아, 슬프도다. 그 뜻도 이루지 못하고
아, 마음 아프도다. 소원도 이루지 못하고
양하(兩河)[43]에 유골을 가라앉히고 팔수(八水)[44]에 그 이름만 남겼

---

41) 성도지 보드가야에 있는 니련선하, 즉 나이란쟈나하(Nairanjana R.)로 여래께서는 성도에 앞서 여기에서 목욕을 하시고 보리수 아래의 금강좌로 가셔서 깨달음을 얻게 되기에 불교사적으로도 중요시되는 강이다.

42) 원문의 '提'를 보리심(菩提心)으로 해석하여 의역하였는데, 보리심이란 시방삼세의 일체중생을 윤회의 고통에서 해탈시키고자 하는 목적 아래 일체지를 얻고자 하는 대승보살의 마음의 자세를 의미한다고 한다.

43) 인더스하와 갠지스하를 가리킨다. "양하에 몸을 가라앉히고"라는 뜻은 인도의 풍속에는 사람이 죽으면 수장(水葬)을 하기 때문에 그렇게 표현한 것으로 보인다.

44) 팔수는 하남성의 낙양 부근에 있는 이우(伊水)와 낙수(洛水) 등 여덟 줄기를 가리

노라.

장하도다. 목숨으로써 올바른 길 지키고

도리로써 사리를 밝혀 그 뜻 다하였도다.[45]

['양하(兩河)'는 서국(西國, 印度)에 있고 '팔수(八水)'는 동국(東國, 中國)에 있는 것을 가리킨다.][46]

2. 신라 아리야발마(阿離耶跋摩)

아리야발마(阿離耶跋摩/ Āryavarma)는 신라 사람이다. 당 태종의 정관 연간(627~649)에 장안의 광협산(廣脇山)[47]을 떠나 인도에 와서 불교의 정법을 추구하고 성스러운 불교유적을 몸소 순례하였다.

나란타사에 머물면서 불교 윤리의 율장(律藏)과 이론의 학문인 논장(論藏)을 익히고 여러 가지 불경을 간추려 베껴 썼다. 슬픈 일이라! 돌아올 마음이 많았으나 그것을 이루지 못하였다.

동쪽 끝인 계귀(鷄貴, 新羅)에서 나와 서쪽 끝인 용천(龍泉, 那爛陀寺)[48]에서 돌아가셨는데 나이가 70여 세였다. [계귀(鷄貴)는 인도

킨다. 곧 고향산천을 의미한다.

45) 원문은 아래와 같은데 "卓矣壯志. 穎秀生田. 頻經細柳. 幾步祁連. 祥河濯流. 竹苑搖芊. 翹心念念. 渴想玄玄. 專希演法. 志託提生. 嗚呼不遂. 愴矣無成. 兩河沈骨. 八水揚名. 善乎守死. 哲人利貞." 워낙 단문이라 옮긴이의 문재로는 해석하기 어려워 오역이 되었을까 심히 두려울 뿐, 이후 강호제현의 질정을 바란다.

46) 원문은 "兩河即在西河. 八水乃屬京都."이다.

47) 원문에는 "王城小名"이라는 병기가 붙어 있는데, 이는 왕성의 다른 이름이라는 뜻이지만, 광협산은 아라한(阿羅漢) 권속 1천 3백 중에서 제13번째 인타라(因揭陀) 존자가 주석하는 산이다.

48) 나란다사원을 용천이라 부르는 연원은 다음과 같다. 가람의 남쪽에 연못에 '나란타'라고 부르는 용왕이 있었는데, 옛날 여래가 보살행을 닦을 때에 대국의 왕이 되어 그곳에 도읍을 정하고 중생을 가엾게 여겼기 때문에 그 덕을 찬미하여 시무염(施無厭)이라 했기에 가람 이름을 '나란다(Nalānda)'라고 정했다고 한다.

말로는 '구구타의설라(矩矩吒醫設羅/ Kukkutaissara)'[49]이며 인도 남부의 토어인 빠알리어[巴利語]로는 '쿠꾸타이싸라(Kukkutaissara)'라고 한다. 여기서 '구구타'는 닭(鷄)이며 '의설라'는 귀(貴)라는 뜻으로 바로 고구려국[50]이다.]

서로 전하는 바에 따르면 그 나라에서는 닭의 신(神)을 받들어 모시기에 날개털을 머리에 꼽아 치장을 한다고 한다. 그래서 서방에서는 고구려를 일컬어 '구구차의설라'라고 한다.

나란타사에 연못이 있는데, 이를 용천(龍泉)이라고 부른다.

3. 신라 혜업법사

혜업법사(慧業法師)는 신라 사람으로 정관 연간에 인도로 가서 보리사(菩提寺, 大覺寺)에 머물면서 성스러운 불교유적을 순례하고 나란다가람에 오랫동안 강의를 듣고 불서를 읽었다.

의정 자신이 이곳 [나란타]에서 당나라 서적을 조사하다가 우연히도 "『양론(梁論)』[51] 아래 불치목(佛齒木)[52] 나무 밑에서 신라승

---

49) 원문 병주에 [暋]이라고 되어 있으나, 이런 사례는 이른바 중국 음운학(音韻學)에서 사용하는 '반절법(反切法)'의 한 예로 기존 한자음으로는 표현할 수 없는 의성어나 외래어를 음역하기 위해 사용한다. 음운학의 대가인 현장법사가 주로 현지 지명이나 인명을 정확히 표현하기 위해 많이 사용하였다. 현장은 『대당서역기』 권8 「마가다」조에서 산스크리트어로는 쿠쿠타아라마(屈居吒阿濫摩/ kurkuta-Arama)라고 표기하고 있다.

50) 원문은 '고려'이지만, 시기적으로 보아서 의정법사의 연대에는 고려가 생기지 않았음으로 고구려가 틀림없다.

51) 『양섭론(梁攝論)』을 줄인 말로 4세기의 무착보살(無着菩薩)이 『섭대승론(攝大乘論)』을 지었는데, 그는 모든 대승불교의 교리에서 중요한 것을 모아서 11부분으로 나누어 설명하였다. 이어 그의 아우 세친보살(世親菩薩)이 그의 형이 엮은 책을 해석하였는데 이를 '섭대승론석'이라고 하였다. 『섭대승론』은 중국의 남북조시대(439~589)의 불타선다(佛陀扇多)와 진제(眞諦)에 의하여 번역되었으며,

혜업이 베껴서 적다"라는 문구를 보게 되었다. 이에 이 절의 스님에게 물어 보았더니 그는 이곳에서 세상을 떠나셨다고 하며 나이는 60세에 가까웠다고 하였다. 그가 베꼈던 범어 책은 모두 그곳에 보관되어 있다.

4. 신라 현태법사

현태법사는(玄太法師) 신라 사람으로 인도 이름은 살바진야제바(薩婆眞若提婆/ Sarvajināḍeva)[53]이다. 영휘(永徽) 연간(650~656)에 토번을 경유하는 길을 잡아 네팔을 거쳐 중인도에 이르렀다. 보리수를 예배하고 불교의 여러 경론을 상세히 조사한 후 발걸음을 동쪽으로 돌려서 토욕혼(土峪渾)[54]에 이르러 도희법사[道希]와 만나게

당에 이르러 현장의 손으로 다시 번역된 바 있다. 한편 세친보살의 『섭대승론석』은 양의 진제, 수(隋)의 급다(笈多), 당의 현장에 의하여 번역되었다. 그리하여 후대에 『섭대승론』과 『섭대승론석』을 양의 진제가 번역한 것을 '양섭론'이라 하고 당의 현장이 번역한 것을 '당섭론'이라고 부르게 되었다.

52) 옛날 인도에서는 양치질(養齒)을 할 때 림(Lim)나무라는 작은 나뭇가지의 끝을 부셔서 여러 갈래의 줄기로 만들어 사용하였는데, 이 나무를 치목이라고 하였다. 나란타사의 근본향전(根本香殿)의 서쪽에 있었다는 이 나무는 석존과 인연이 있었다고 전해진다.

53) 원문 병주에는 "당에서는 일체지천(一切智天)이라고 한다"라는 설명문이 붙어 있다.

54) 투유훈(Tuyuhun)으로 발음되며 원래는 선비족(鮮卑族) 모용부(慕容部)의 일파였으나, 서진(西晉) 영가(永嘉) 연간(307~312)에 수령 토욕혼이 부족을 거느리고 동북 도하(徒河)지방에서 서쪽 청해호 일대로 옮겨와 강족(羌族)과 함께 살면서 복사성(伏俟城)을 도읍으로 삼은 후 비로소 칸[汗]이라고 칭했다. 당대에는 일찍이 사신을 파견하여 조공을 바쳤고 통혼과 교역을 청했다. 당은 모용순(慕容順)을 서평군왕(西平郡王)으로 봉했으며, 후에 순의 아들 낙갈발(諾曷鉢)을 아원군왕(阿源郡王)으로 삼고 종실의 홍화(弘化) 공주를 출가시켰고 청해국왕으로 봉했다. 그러나 663년 본거지가 토번(吐蕃)에게 점령당했을 때 그 일부는 영주(靈州)로 옮겨갔다. 8세기 안락주가 토번에게 점령되자 다시 흩어져 살게 되면서

히말라야 산맥을 넘어서 네팔로 가는 5,000m급 티베트 고개길

되어 다시 더불어 발길을 인도로 돌려 대각사(大覺寺)에 이르렀다.[55] 그 뒤 당으로 다시 돌아왔으나 그가 언제 어디서 돌아가셨는지는 알 수 없다.

5. 신라 현각법사

현각법사(玄恪法師)는 신라 사람으로 현조법사(玄照)와 더불어

점차 한족과 융합되어서 지금은 민족 자체가 없어져 버린 상황이다. 본 〈실크로드 고전여행기〉 총서의 『송운행기』에 이 나라에 대한 정보가 실려 있으니 참조하기 바란다.

55) 토욕혼은 현 청해성 일원이니, 현태는 토번로를 통해 티베트고원을 통과하여 귀국 직전에 인도로 가는 도희법사를 만나게 의기투합하여 '가이드'가 되어 다시 인도로 가서 대각사에서 머무르다 다시 중국으로 왔다는 말인데, 이는 두 번이나 토번로를 이용해 인도를 들락거렸다는 말이 된다.

정관(貞觀) 연간에 다 같이 대각사(大覺寺)에 이르렀다. 그곳을 예경하는 소원을 풀고 나서 병에 걸려 돌아가셨다. 나이는 고작 40을 넘었을 뿐이었다.

6. 신라의 다른 두 스님

또 다시 신라 스님 두 분이 있었는데 [죽은 뒤에 지어주는 이름인] 휘(諱)는 알 수가 없다. 장안에서 출발하여 멀리 남해(南海)[56]로 갔는데, 배를 타고 스리비자야[57]의 서쪽 바루스(Balus/ 波魯師國)[58]에 이르러 모두 병에 걸려 죽었다.[59]

---

56) 중국에서 '남해'라고 하는 것은 처음에는 지금의 광저우를 가리켰으나 뒤에는 월남과 중국의 경계선인 교주(交州), 즉 지금의 하노이 근처를 가리켰다가 의정의 시대에는 수마트라섬을 가리키게 되었다. 여기서의 '남해'는 수마트라 연안을 가리킨 것으로 보인다.

57) 7세기 말부터 약 600년 동안 말라카해협을 중심으로, 수마트라 전체와 말레이반도, 그리고 서부 자바와 서부 칼리만탄 일부에 걸쳐서 발흥한 불교 왕국이었다. 중국 문헌에 '삼불제(三佛齊)'로 알려진 스리비자야는 산스크리트어로 기록된 몇 개의 법령과 말레이 고어(古語)로 된 비문(碑文) 등으로 볼 때, 400~600톤 규모의 거대한 선박을 건조하여 8세기 말에 이미 인도와 중국을 왕래하는 정기 항로를 개척했던 강력한 해상 왕국임을 알 수 있다. 왕은 불교도였으며 중국과 비단, 도자기 및 향료를 교역하였다.

말라카와 순다해협을 장악한 스리비자야 왕국은 8세기 초기 이래로 중부 자바의 힌두 왕국인 산자야(Sanjaya)와 경쟁관계를 유지했으며, 한편 동북부 자바에는 보로부두르(Borobudur)사원을 건축한 사일렌드라(Sailendra) 왕국이 불교문화를 꽃피우며 스리비자야 왕국과 긴밀한 관계를 유지했다.

58) 현 수마트라섬 남쪽의 바루스(Balus)라는 항구로 수마트라의 서남부의 해상권을 장악하여 오랫동안 스리비자야국과 대립하였던 나라였다.

59) 이 두 스님에 대하여 『삼국유사』의 저자인 일연(一然)은 〈귀축제사(歸竺諸師)〉라는 제목하에 큰 뜻을 이루지 못하고 그리하여 이름조차 알려지지 못한 채 이역만리에서 객사한 두 스님에 대하여 안타까워하면서 "달은 몇 번이나 외로운 배를 떠나보냈는데, 구름 따라 돌아온 이는 한 사람도 없어라"라고 노래하였다. 위의 '귀축제사'는 의정의 『구법고승전』을 요약한 것이다.

의정삼장이 10년을 살았다는 인도네시아 자바섬의 보로부두르사원.
8세기에 '수미산설'을 형상화하여 세워졌다는 보로부두르사원이 신비롭게 밀림 속에 서 있다.

7. 신라 혜륜선사

혜륜선사(慧輪禪師)는 신라 사람으로 인도 이름은 반야발마(般若跋摩/ Prajnāvarmah)[60]라고 한다. 신라에서 출가하여 승려가 되어서 성스러운 불교유적을 순배할 뜻을 품고 뱃길로 중국의 복건성(福建省)에 상륙하여 육로로 걸어서 장안에 도착하였다.

그 후 칙명(勅命)을 받들어 인도로 가는 현조법사(玄照法師)의 시자(侍者)로 따라가게 되었다. 인도에 가서는 고루 성스러운 불교유적을 돌아 참배하고 갠지스하 북쪽의 암마리발왕국(菴摩離跋王國)에 가서 그 국왕이 세운 신자사(信者寺)[61]에서 10년을 살았다.

그리고 근래에는 동쪽으로 가서 북방의 토카라의 승려들의 가람에 머물고 있다. 원래 이 절은 토카라 사람이 그 본국의 승려를 위하여 세운 것으로 금전과 자산이 충분하여 공양이나 식량의 차림새가 더 말할 바 없이 좋다. 이 가람 이름은 건타라산다(建陀羅山荼)라고 한다.

혜륜은 여기에 머물렀다. 범어를 잘하였고, 또『구사론(俱舍論)』도 깊이 연구하였다. [나] 의정이 중국으로 돌아올 때에도 그는 이 절에 남아 있었는데, 나이는 40을 바라보고 있었다.

북방의 승려로서 이 가람에 머무는 사람은 모두 주인(主人)[62]처럼 대접을 받는다. 대각사 서쪽에는 가필시국(迦畢試國)의 절이 있

---

60) 원문에 병주로 "당나라에서는 혜갑(慧甲)이라는 뜻이 된다"라고 달려 있다.

61) 암마라발국(菴摩羅跋國)의 잠부국왕이 세운 사원으로 국왕은 불심이 돈독하여 인도에 들어오는 중국 승려를 후대하여 많은 편의를 주었다고 기록되어 있다. 현조법사는 이곳에서 입적하였고 많은 신라승들의 발길이 머물렀던 곳이다.

62) 사원에서 '주인'이라고 하는 것은 구성원의 한 사람으로 대우받는 것을 말한다. 보통 사원에 기숙하는 승려는 다만 음식을 제공받고 손님으로서의 대접을 받을 뿐인데, 중국이나 신라에서 온 북쪽의 승려들은 특별 대접을 받는다는 의미로 보인다.

다. 이곳도 재산이 많으며 여러 석학과 수행에 뛰어난 분들이 많은데, 모두 소승불교를 연구한다. 북방에서 오는 승려들은 이 절에 머무는데, 이름이 구나절리다(寠拏折里多)라고 부른다.[63]

대각사의 동북 두 역참(驛站)[64] 가량 되는 곳에 굴록가(屈錄迦)[65]라는 가람이 있는데, 남쪽 나라의 굴록가왕이 지은 곳으로 비록 가난하기는 하나 계율을 지키는 데 있어서는 맑고 엄하다. 근래에 일군왕(日軍王/ Adityasēna)[66]이 다시 옛 절의 곁에 새 가람을 하나 지었는데 이제야 겨우 새로이 완성하였다. 남쪽 나라에서 온 승려들은 대부분이 이곳에 머문다.

[이와 같은] 가람이 여러 곳에 산재해 있는데, 이러한 곳들을 통하여 그 본국과의 불교 교류가 이루어진다. 오직 중국만은 한 곳도 없어 인도에 왕래하는 승려들로 하여금 갖은 고생을 겪게 하고 있다.

나란타사에서 동쪽으로 40역참 가량 갠지스하를 따라 내려가면 밀율가실타발나사(蜜栗伽悉他鉢娜寺)[67]에 이른다. 이 절에서 얼마 떨어지지 않은 곳에 옛 절 하나가 있다. 그러나 전(塼)으로 만들어졌던 자리가 남아 있을 뿐이며, 그 이름은 지나사(支那寺)라고 한다.

옛 노인들 사이에 전하여 내려오는 말로는 그 옛날 실리급다왕(室利笈多王/ Srigupta)[68]이 중국의 승려를 위하여 세웠던 것이라고

---

63) 원문 병주로 "당나라 말로는 덕행(德行)이라는 뜻이 된다"라는 구절이 달려 있다.

64) 인도에서의 거리를 표시하는 단위를 역이라고 하는데 중부 인도에서는 대략 당나라의 30리가 한 역으로 계산된다.

65) 인도 남방의 큰 나라로서 불교가 매우 성행하였으며 일찍부터 항해술이 발달하여 인도양(印度洋) 연안에서 번영을 누렸던 나라의 이름이다.

66) 아디탸세나왕(阿逸多闍那王)이라고 하며 의정(義淨) 당시(680년 무렵) 마가다국(摩伽陀國)을 통치하던 왕이었다.

67) 원문에 "중국에서는 녹원사(鹿園寺)라고 부른다"라는 병주가 붙어 있는데, 이 녹원사가 현 사르나트의 녹원정사를 가리키는지는 불확실하다.

초전법륜지인 사르나트 녹야원의 다메크 스투파

한다.[69]

[이전에 중국 승려들이] 촉천장도(蜀川牂道)[70]를 거쳐서 마하보리사(莫訶菩提寺)에 와서 순례를 하면, 왕은 이를 존중하여 땅을 주어 거기서 주석케 하고 큰 마을 24개를 봉지(封地)로 주어 그 수용에 사용하도록 하였다.

뒤에 당나라 승려로서 이곳에 숙박하는 이가 없어지자 봉지로

---

68) 290년 무렵에 인도 전역을 통일한 굽타(Gupta) 왕조의 시조로 『대당서역기』에 나오는 계일왕(戒日王) 실라디탸(Śilāditya)의 선조가 되는 인물로 비정된다.

69) (원 병주) '지나(支那)'라고 하는 것은 즉 중국의 광저우이고 '마하지나(莫訶支那)'는 중국의 도읍지이다. 또 제파불저(提婆弗咀/ Devaputra)라고 하는 것은 당나라의 황제를 말한다.

70) 원문은 "從蜀川牂[牂]道而出(蜀川去此寺有五百餘驛)"로 "촉천은 이 절에서 500여 역 된다"라는 병주가 붙어 있다. 여기서 '촉천장도'는 토번로와는 다른 사천(四川)에서 바로 인도로 오는 루트를 말하는 듯하나 그런 또 다른 루트가 있었는지는 확인되지 않는다.

주었던 마을을 거두어 들여 다른 사람들에게 나누어서 맡도록 하였다. 지금도 세 마을은 녹원사의 소유에 들어가 있다.

지나사의 역사를 헤아려보건대 지어진 지 500여 년이나 된 것 같다. 지금 이 지역은 동인도왕의 영토가 되어 있는데, 그 왕의 이름은 제바바마(提婆婆摩/ Devavamuan)이다.

[왕은] 언제나 말하기를 "만약 대당(大唐)의 천자가 있는 곳에서 몇 사람의 승려들이 이곳으로 온다면 내가 다시 이 가람을 일으켜 옛날 이 절에 주었던 봉지를 되돌려주어 중단시키지 않을 것이다" 하였다.

참으로 한심한 일이다. 힘을 들이지 않아도 머물 곳이 있다고는 하나 불법수행을 통하여 복을 누릴 사람은 만나기 어렵다. 만약 마음을 널리 도우는 데 두어 천자에게 승려를 보낼 것을 주청(奏請)하여 불교를 널리 편다면 그 효과는 결코 적지 않을 것이다.

금강좌(金剛座)가 있는 곳에 있는 마하보리사(莫訶菩提寺)[71]는, 즉 싱할라국왕(僧訶羅國王)[72]이 세운 것으로 옛부터 사자국(師子國)의 승려들이 이곳에서 머문다.

마하보리사에서 동북으로 일곱 역(七驛)을 가면 나란타사에 도착한다. 이곳은 옛날 실리샤갈라순저(室利鑠羯羅昳底/ Śilāditya/ 戒日王)[73]가 북인도의 비구(比丘/ 苾芻/ Bhikshu)인 할라사반사(曷羅社

---

71) 원문에는 분명히 대각사라고 되어 있으나 금강좌가 있는 사원이라면 보드가야의 마하보리사(莫訶菩提寺)가 분명한데, 의정은 또한 현조법사가 입적한 바이샬리의 사원도 또한 대각사라고 하였기에 혼란이 생기나 옮긴이는 이를 대각사 대신에 마하보리사로 바꿔 놓기로 한다.

72) 현 스리랑카섬의 옛 왕조인 싱할리를 말한다. 바로 사자국으로 본 〈실크로드 고전여행기〉 총서 법현의 『불국기』에 자세하다.

73) 『대당서역기』에 나오는 계일왕(戒日王)으로서 실라디탸(Śilāditya)라 하고 본명은 하르사바르다나(Harṣavardhana/ 曷利沙伐彈那)이다. 『신당서』 「천축국전」에서 마가다국은 인도의 별명이라고 할 만큼 중국에 잘 알려진 중요한 국가로 현장이 인도를 방문했을 때 계일왕은 현장을 당나라의 대사급으로 환대하고 곡녀성

현조법사가 입적한 바이샬리의 사원

槃社)[74]를 위하여 세운 것이다.

이 절의 처음 기틀은 겨우 사방이 도(堵)[75] 남짓 하게 작았는데, 그 뒤에 왕의 후손들이 이어서 확장하였다.

이 대가람의 규모는 매우 커서 인도 전역에서는 이보다 더 큰 사원은 없다. 따라서 그 규모를 상세히 설명할 수는 없기에 그 구

갠지스 강변에서 그를 위한 성대한 법회까지 베풀었다. 당 태종 정관(貞觀) 연간에 두 왕 사이에는 수차례 사신이 교환되었는데, 왕현책(王玄策)이 3회에 걸쳐 토번을 통해 들락거렸고 동행으로 온 현조법사를 따라 혜륜 등 신라의 구법승들이 천축으로 들락거렸다고 의정(義淨)은 자세히 기록하고 있다.

74) 할라사반사는 Grantha-Vatsa이며, 할라사는 문식(文飾)의 뜻이고, 반사(槃社/Vatsa)는 그의 이름으로 처음에는 외도(外道)였다가 뒤에 불법에 귀의하여 스승 불교의 전개에 크게 공헌하였다는 인물이다. 그런데 계일왕이 이 비구를 위해 나란다사원을 세웠다는 이야기는 신빙성이 그리 만만치 않다.

75) 사방이 1장(丈)의 울타리로 둘러싸인 넓이를 1판(板)이라 하고 5판의 넓이를 1도라 한다.

역만을 대략 적어볼 뿐이다.[76] 이 사원의 형태는 정사각형으로서 마치 중국의 성곽 같으며 사변에는 직선의 처마[簷]로 된 집들이 지어져 있고 긴 복도는 이들을 둘러가며 이어져 있다. 이 집들은 모두 벽돌[塼]로 만든 방이며 높이는 3층으로 지어졌고 각층의 높이는 1장(丈) 남짓하다. 대들보[樑]에는 판자를 옆으로 붙였으며 원래 서까래로 지붕을 채우지 않고 또 기와는 벽돌을 평면처럼 깔았다.

사원은 모두 일직선으로 반듯하게 지어져 제 마음대로 돌아 자기 방으로 들어갈 수 있도록 되어 있고 뒷벽은 곧 바깥 세계와 경계를 이루고 있는데, 벽돌을 쌓아올려 높이 3~4장(丈)으로 만들었다. 그 위에 사람 머리를 만들었는데 그 높이는 사람의 것과 같다.

승려들이 거처하는 방은 언제나 햇볕이 바깥벽을 바로 쪼인다. 모든 방들은 안이 대략 1장(丈) 가량 되고 뒷면은 창문을 통하여 처마를 바라보게 되어 있고, 방의 문은 매우 높아서 열고 닫는 것이 마음대로 되는 문짝이 있다. 방은 모두 마주 바라보면서 발(簾)을 쳐놓게 되어서 그 안에서 편안하게 있지 못하게 되어 있다. 밖에 나와서 바라본다면 사면에서 모두가 서로 바라보며 행동을 살피게 되어 있다.

그러니 어찌 조금이라도 사사로움이 있겠는가? 건물의 한 구석 위쪽으로 복도를 만들어 그 위로 갔다 왔다 하며 네 모퉁이에는 각각 벽돌로 집을 지어서 유명한 대덕스님들이 여기에 거주하고 계신다.

---

76) 본서 서문에 의정은 "수리비자야로 돌아와 『남해기귀내전(南海寄歸內傳)』과 아울러 〈나란타사원도[那爛陀寺圖]〉를 편찬하다"라고 적고 있는데, 여기서의 〈나란타도〉는 지금 이 대목처럼 말로써 설명한 다음에 별도로 그림으로 스케치하여 남긴 것으로 뒤에 의정 자신이 기술하고 있지만, 이 지도는 현재 전해지고 있지 않고 있다.

사원의 대문은 서쪽으로 향하고 있으며 날아가듯이 지은 누각은 하늘을 찌르며 그 조각은 기묘하게 새겨져 장식의 묘를 한껏 살리고 있다. 그 대문은 바로 방과 서로 이어져 문과 방이 따로 만들어진 것이 아니니나. 다만 문은 앞으로 양보(兩步)[77]를 내어서 네 기둥을 모두 안정시키고 있다. 문은 지나치게 크지는 않다고 하더라도, 그 구조 전체는 참으로 탄탄하게 만들어졌다. 식사 때마다 대문을 큼직한 자물쇠로 걸어 잠근다. 이것은 성스러운 가르침을 따른 것이며 가람 안의 사사로운 생활을 외부에 보이지 않도록 하기 위한 것이다.

사원 안에 포장을 한 빈 마당은 사방이 대략 30보이며 모두 벽돌이 깔려 있다. 작은 가람의 마당은 10보 혹은 5보의 것도 있다. 지붕 위, 처마 앞, 방 안을 덮고 있는 바닥은 헐어서 못쓰게 된 벽돌조각을 대추만한 크기로 잘라 진흙과 섞어서 절구 공이로 가루를 만들어 전면에 편편하게 바른다. 석회에 삼마(蔘麻)줄기와 기름과 삼마(蔘麻)찌꺼기와 물에 담근 껍질 따위를 섞어서 며칠 동안 물에 적셔두었다가 이것을 벽돌바탕 위에 바르고 푸른 풀로써 덮어둔다. 그리고 2~3일 지나서 그것이 마르는 상태를 보아서 다시 활석으로 말끔히 닦아내고 붉은 흙물 또는 단주(丹朱) 같은 것으로 닦고는 그 뒤에 기름을 입히면 맑고 선명한 것이 거울과 같게 된다.

모든 건물의 계단도 다 이렇게 한다. 이렇게 한 번 마련해 놓으면 그 후는 사람들이 제멋대로 밟아도 어떤 때는 10~20년 지나도록 부서지지 않아 석회수로 적신 것 같게 벗겨지지 않는다.

이와 같은 것이 모두 여덟 승방(僧房)에 있으며 위는 모두 편편

---

77) 중국에서 길이를 표시하는 단위로 1보는 6척(尺)이며 청(淸)의 자로는 5척 남짓하여 약 1피트의 길이가 된다.

하게 지어져 규모는 서로 닮았다.

사원의 동면(東面)에는 하나 또는 세 개의 방을 정해 놓고 석존상을 모셔놓거나 또는 그 면보다 다소 앞으로 내서 따로 대관(臺觀)을 마련하여 불전(佛殿)으로 삼고 있다.

사원의 서면에는 큰 뜰의 바깥쪽에 대스투파(Stupa/ 窣堵波)[78] 및 여러 제저(制底)[79]가 나란히 있는데, 그 수가 100개를 넘어 성스러운 유적은 연이어 줄지어져 있어서 그 장관은 적을 수조차 없을 정도이고 금은보배로 장식한 그 아름다움은 실로 이 세상에서 보기 힘든 것이다.

그 안에서의 승려가 지켜야 할 규칙과 출납의 일은 자세히 『중방록(中方錄)』[80]과 『기귀전(寄歸傳)』에 따로 적어 놓았다. 가람 안에서는 가장 늙은 상좌(上座)를 존주(尊主)로 삼으며 그 덕(德)을 말하지 않는다. 가람에 있는 모든 열쇠는 매일 저녁 봉인하여 이를 상좌에 맡기고 다시 따로 사주(寺主)나 유나(維那) 같은 것은 두지 않는다.

---

78) 석존의 유골이나 사리를 모시기 위하여 지은 것으로 시작되어 후에는 종교적 상징물로 시대에 따라, 장소에 따라 변화되어 많은 변천을 거듭하였다. 우리의 탑은 범어 탑파(Thupā)의 음역이다. 원문에 "옛날 '탑(塔)'이라고 한 것은 잘못 줄인 말이다"라는 병주가 붙어 있다.

79) 보통 일반적인 탑은 석존의 유골을 모시기 위하여서만 만들어진 것이 아니고, 석존의 유적(遺蹟)을 기념하기 위하여도 세워졌다.

「법원주림(法苑珠林)」에 의하면 "불사리(佛舍利)를 모신 것이 탑이며 그것을 모시지 않고 세워진 것이 지제(支提)이다"라고 옛날에는 구분되어 사용되었으나, 현재에는 모두 탑으로 통일되어 가용하고 있다. 역시 원문에는 "옛날 지제(支提)라고 한 것은 잘못된 것이다"라는 병주가 붙어 있다. 인도에서 초기의 제저는 공을 반으로 잘라 엎어 놓은 것 같은 이른바 복발식(覆鉢式)의 것이었다. 이 제저를 중심으로 그 주위에 예배당과 승방이 세워지게 되어 이것이 모든 사원의 최초의 양식이 되었다.

80) 의정삼장이 인도의 실정을 적어서 엮은 『중방록』은 지금 전하여지지 않고 있고 『기귀전』은 스리비자야에서 엮어 인편으로 당에 보냈던 『남해기귀내법전(南海奇歸內法傳)』 4권을 말한다.

사원을 만든 사람은 사주(寺主)라는 이름을 붙이는데, 범어로는 비하라스라민(Vihārasramin/ 毘訶羅莎彌)이라고 부른다. 또한 이곳을 번갈아 지키며 문을 열고 닫는 일을 맡아보고, 승려들의 화합을 꾀하며 모든 잡무를 지시하는 사람을 비하라파라(Vihārapala/ 毘訶羅波羅)라고 하는데, 중국말로 번역하면 호사(護寺)라고 한다. 또 건치(健稚)[81]를 울리고 식사에 관한 일을 맡아보며 잡무를 처리하는 사람을 갈마다나(Karmadāna/ 羯磨陀那)라고 부르며, 중국말로 번역하면 수사(授事)라고 하며 유나(維那)라고도 부른다.

여러 승려 가운데서 무슨 일이 일어나면 누구나 차별 없이 모두 모아 놓고 호사(護寺)로 하여금 돌아다니며 고백을 하게 하는데, 한 사람 한 사람씩 그 앞에 걸어가서 합장하고 제각기 그 일에 대하여 스스로를 밝히도록 한다. 만약 한 사람이라도 그것을 듣지 않으면 일이 마감되지 않는다. 그렇다고 여러 사람 앞에서 회초리로 때려 고문으로 고백을 강제하는 일은 절대 없다. 만약 스스로 밝히지 않는 것을 보면 이치로 그를 설득시킬 뿐 강제로 압력을 가하여 대답을 요구하지는 않는다.

창고지기, 사원 소속 농장의 일꾼, 신분이 낮은 무리들 몇 사람이 일을 저질렀다 할지라도 창고 책임자나 농장의 감독을 보내어 합장하여 스스로 밝히도록 한다. 그가 만약 이에 승복한다면 그 사람에게 부역을 시키는 것으로 마감하고, 혼자서 제멋대로 처리하는 불합리한 일은 없다. 만약 고백하지 않고 혼자서 공공의 재물을 쓰는 사람은 그것이 아주 적은 좁쌀 반 되에 이르기까지도 많은 사람으로부터 배척받아 쫓겨난다.

세도를 부려 사원의 재산을 혼자서만 쓰고, 승려의 기강에 관한

---

81) 사원에서 종 또는 북·목탁 등의 불구를 때려서 소리를 내게 하기 위하여 만든 것을 말한다. 법현의 『불국기』나 『대당서역기』에서는 건타 또는 건퇴라고 표기되어 있다.

집무를 단독으로 처리하고도 대중에게 밝히지 않는 사람을 구라발저(俱羅鉢底)라고 하는데, 중국말로 번역하면 가주(家主)라고 한다. 이는 곧 불법의 큰 화근이어서 사람과 귀신이 모두 원망한다. [그러한 사람이] 사원에 비록 이익이 있다 할지라도 끝내는 죄를 짓는 것이 깊어질 뿐이니 지혜로운 사람은 반드시 하지 않는다.

또 불법의 진리를 믿으려 하지 않고 자기들의 고집을 주장하는 여러 외도(外道)는 옛날에는 96파가 있었으나 지금은 다만 10여 파뿐이다. 만약 재(齋)의 모임이 있어 모이게 되면 각 파마다 한 곳에 모이며 결코 승니(僧尼)와 앞뒤를 다투는 일은 없다. 이미 믿고 있는 종교적 진리가 다른 이상에는 이치로써 행동을 같이할 수는 없는 일이니 제각기 그가 믿는 종지(宗旨)를 배울 뿐이며 같이 앉아서 서로 의견의 교류 같은 것은 하지 않는다.

이 나란타사원의 제도는 극히 엄격하여 보름마다 [사원 일을 맡아보는] 전사(典事)와 [그를 보좌하는] 좌사(佐史)로 하여금 방을 돌아다니며 규칙을 읽게 해서 [스스로 되새겨 지켜나가도록 하였다.]

승려들의 이름은 국가의 호적에 넣지 않는다. 그 가운데서 죄를 범한 사람이 있더라도 승려들 스스로 벌을 주며 국가에서는 간섭은 하지 않는다. 이런 까닭에 승려들은 모두가 서로 존경하고 또 두려워한다.

대사원을 유지하기 위한 수입원은 비록 한정되어 있으나 이로움이 있도록 더 보태어 넉넉하게 유지한다. 옛날을 되돌아보면 당나라의 도읍지인 장안에 있을 때 어떤 사람이 그린 기원정사(祇洹精舍)[82]의 모양을 보았는데 이는 모두 아무 근거도 없이 상상에

82) 기원정사(Jetavana)는 붓다가 24년 동안이나 머물던 곳으로 현 사헤트(Saheth)라는 불린다. 현 유피주의 대도시 고락푸르에서 160km 거리의 발람푸르에서 버스나 기차로 이동할 수 있다. 한역 경전에서 빈번하게 나타나는 '기수급고독원'을 말한다.

따라 그려진 것이었다. 색다른 견문을 넓히기 위하여 그 대략을 적어본 것뿐이다.

또 인도를 중심으로 그 영향을 미치는 주변 지역에서는 이와 같이 큰 사원에는 군왕(君王)이 모두 물시계를 놓도록 하고 있기에 밤과 낮과 계절을 헤아리는 것은 어렵지 않다.

불교 율장(律藏)의 가르침에서는 밤을 셋으로 나누어 처음과 끝에는 제도적으로 좌선(座禪)과 불경을 염송하게 하고 그 중간의 시간은 마음대로 쉬도록 하고 있다. 그 물시계 쓰는 법은 내[의정]가 지은 『기귀전(寄歸傳)』에서 상세히 설명한 것과 같다.

또 여기에서 비록 절의 모양을 설명한다 하더라도 뒤에 다른 일이 일어나면 혼동될 것을 두려워하며 여기에 그림을 그려서 붙인다. 바라는 것이 있다면, 보는 사람마다 서로 엇갈리지 않게 하려는 것뿐이다. 만약 천자에게 명하여 이 양식에 따라 이런 사원을 만들 수만 있다면 인도의 왕사(王舍)와 중국의 것과는 이치상으로는 다를 바 없을 것이니 이에 한탄하여 한 수 짓는다.

많은 아름다운 것들은 옛날 같이 늘어서 남아 있건만
뛰어난 많은 분들은 이미 예와 지금으로 갈라져 있으니,
삶과 죽음의 가름을 알게 되니

"나는 이렇게 들었다. 어느 날 세존께서 사위성(舍衛城) 밖의 '기수급고독원'에 비구 1,250명과 함께 머무르고 계셨다. 이때 세존께서는 공양하실 시간이 다가오자 조용히 자리에서 일어나셔서 가사를 걸치시고 발우를 들고 사위성에 들어가셨다. 성중에서 일곱 집을 돌아 순차적으로 음식을 받으시고 정사로 돌아오신 다음 공양을 다 마치시고 가사와 발우를 거두신 다음 발을 닦으시고 자리를 펴고 앉으셨다. 때에 장로 수보리가 대중들 속에서 일어나 바른 편 어깨만 벗고서 바른 편 땅에 무릎을 대고서 합장하면서 세존께 말씀드렸다."

수려한 이목구비와 낭랑했다던 목소리를 가졌다던 아난다 존자가 낭송하는 불경 첫 구절이 지금도 들릴 것 같은 스라바스티는 현재는 가난하고 조용한 시골 마을로 변해 있다.

어찌 마음의 서글픔을 느끼지 않을쏘냐.

[사원의 모양은 지금 없어져 남아 있지 않다.]

여기의 이 그림은 실리나란타마하비하라(室利那爛陀莫訶毘訶羅/ Sri nallānda māha Viharā)[83]의 모습이다. 중국말로 번역하면 길상신용대주처(吉祥神龍大住處)라고 한다.

인도에서는 무릇 군주 및 고관에 속하는 사람과 아울러 큰 사찰의 이름을 부르는 데 있어서는 모두 먼저 실리(室利/ Sri)라는 말을 붙이는데 그 뜻은 길상(吉祥) 또는 존귀(尊貴)라는 말로, 나란타는 곧 용의 이름이며 근래에 용이 있어 이것을 나란타라고 불렀기 때문에 이를 이름으로 삼았고, 비하라(毘訶羅/ Viharā)는 '사는 곳'이라는 뜻이며 이것을 절(寺)이라고 한 것은 올바른 번역이 아니다.

한 사원만을 보아도 나머지 일곱 곳이 같음을 알 수 있다. 옥상은 편편하고 바르게 되어 있어 사람들이 그곳을 거쳐 왕래한다.

대체로 사원의 [전체] 모양을 보려는 사람은 반드시 남서쪽에서 보아야만 한다. 서쪽으로 그 문을 나서면 비로소 그 참다운 전체의 모습을 알 수 있을 것이다.

문의 남쪽 둔덕길로 대략 20보(步) 가량 되는 곳에 한 스투파가 있는데 높이가 100척 가량 된다. 이것은 여래께서 옛날에 여름 석 달 동안 안거를 하시던 곳으로 인도 이름으로는 모라건타구지(慕打健陀俱胝)[84]라고 하며 당나라에서는 이를 근본향전(根本香殿)이라고 부른다.

---

83) 풀어보면 Sri는 길상을 뜻하는 접두사이고, nallānda는 용의 이름이고, māha는 크다는 뜻이고, Viharā는 집이란 뜻이니, '성스러운 나란다용의 대사원'이란 뜻이 된다.

84) 원문에 '慕[擺]健陀俱胝'라는 이른바 음운학에서의 반절법이 사용된 예로 '打'자를 '丁+羅'처럼 붙여서 읽으라는 부호이다.

문의 북쪽 둔덕길로 50보 가량 되는 곳에 또 대스투파가 있는데 앞의 그것보다 더 높다. 이것은 유일왕(幼日王)이 만든 것으로 모두 벽돌로 만들었으며 그 장식들이 정묘하고 금상(金床)과 보지(寶地)와 공양은 아주 희귀하다. 그 가운데에는 여래께서 설법하시는 불상이 안치되어 있다.

이어서 서남쪽에는 적은 제저(制底) 또는 지제(支提)가 있으며 높이는 1장(丈) 남짓하다. 이것은 브라만(Brahman/ 婆羅門)의 참새[雀]를 잡아서 물어본 곳이어서 당나라에서는 작리부도(雀離浮圖)[85]라는 이름으로 알려진 것이다. 근본향전의 서쪽에는 불치림(佛齒林)이 있는데 이 나무는 버드나무가 아니다.

그 다음으로 서쪽 둔덕길에는 계단(戒壇)[86]이 있으며 그 사방은 당의 대척(大尺)[87]으로 대략 1장(丈) 남짓하다. 편편한 땅 위에 벽돌을 겹겹으로 쌓아서 구축한 것이며 계단의 높이는 대략 2척(尺) 가량 된다. 담 안에 있는 좌대는 높이가 5촌(寸) 가량이며 가운데 작은 제저(制底)가 있다.

계단의 동쪽 전각에는 석가여래께서 경행(經行)[88]하시던 터가 있다. 역시 벽돌을 겹쳐 쌓아 올려서 만들었다. 넓이는 양주(兩肘)[89] 가량 되고 길이는 14~15주(肘)가 되며 높이는 대략 양주(兩肘) 남짓하다. 위에는 석회로써 연꽃이 피어나는 모양을 새겨 만들었으며 높이가 2촌 가량, 넓이가 약 한 자(尺) 가량 되는 15~16개의

---

85) 『송운행기』를 비롯한 모든 여행기에서 나오는 작리부도는 간다라국, 현 파키스탄 페샤와르에 있었던 카니슈카왕의 스투파를 말하는 것인데, 의정은 나란다의 스투파도 같은 이름으로 부르고 있다.

86) 수계(受戒)를 행하기 위하여 만든 단을 말한다.

87) 당에서는 대척과 소척(小尺)의 두 가지가 사용되었다. 대척은 약 24cm이며, 소척의 1척은 대척의 8촌 3분 남짓하다(약 20cm).

88) 오늘날의 포행으로 좌선 후의 휴식시간에 몸과 마음을 이완시키고 가다듬기 위하여 일정한 장소를 왕복하며 운동하는 것을 말한다.

89) 인도의 척(尺)이며 1주는 당의 소척으로 1척 8촌(약 35cm가량)이 된다.

대가섭 존자를 비롯한 비구 500명이 모여 '제1회 불경결집'을 하였다는 왕사성의 칠엽굴

여래께서 남기신 발자국이 있다.

이 나란타사원은 남으로 왕사성(王舍城)[90]이 30리 정도 거리에 있고, 영취산(靈鷲山)과 죽림정사는 모두 그 성 곁에 있다. 서남쪽으로는 대각사를 향하고 정남은 존족산(尊足山)이 있어 모두 대략 일곱 역(驛) 가량의 거리다. 북은 바이샬리[薜舍里]까지는 35역이

---

90) 고대인도 마가다국의 수도. 원명은 라자그리하(Rajagriha)로 현 비하르주 중앙부에 있는 라지기르에 해당된다. 빔비사라(Bimbisara/ 頻婆娑羅)왕에 의하여 지어진 옛 성터와, 그의 아들 아자타샤트루(Ajatasatru/ 阿闍世)왕이 쌓은 새 성의 유적이 남아 있다.

근처에 석가가 재세 중 종종 머물렀던 죽림정사(竹林精舍)를 비롯하여 빔비사라왕이 유폐되었던 곳으로 알려진 감옥(監獄)이 있다. 또 옛 성의 동쪽에는 영취산(靈鷲山)이, 서쪽에는 바이바라언덕이 있고, 이 언덕의 칠엽굴(七葉窟)에서 석가 입멸(入滅) 후 500명의 제자들이 제1회 결집행사를 실시한 것으로 알려져 있다.

바이샬리의 용왕못

고, 서쪽으로 녹야원(鹿野苑)[91]을 바라보고 20여 역이다. 동쪽으로 탐마립저국(耽摩立底國)으로 향하면 60~70역이면 도착한다. 즉 해구(海口)로 배를 타고 당으로 돌아가는 곳이다.

이 나란타사안에는 승려의 수가 3,500명이 되며 절에 속하는 마을과 농장은 201소(所)인데 모두 역대 군왕(君王)이 그 인호(人戶)를 바쳐 사원의 수용에 충당한 것이다. ['역(驛)'이라고 하는 것은, 즉 1유선나(踰繕那)[92]의 거리에 맞먹는다.] 거듭 글을 한 수 지어본다.[93]

---

91) 녹원(鹿苑): 녹야원(鹿野苑)·선인녹야원(仙人鹿野苑)·녹림(鹿林)이라고도 하며 지금의 사르나드(Sarnath)이다. 석가여래께서 처음 설법하신 영지(靈地)로서 유명한 불교유적이 되어 있다.

92) 범어 '요자나(Yojana)'의 음역으로 인도에서 소달구지가 하루에 갈 수 있는 정도의 거리를 말한다.

93) 아마도 의정이 직접 스케치한 〈나란타도〉라는 그림에 써 넣은 화제(畵題)로 보

용지(龍池)에 닿아 있는 땅은 하늘 끝과 떨어져 있고
길을 아득하여 말 달려도 길을 거니는 사람 찾아볼 수 없구나.
지금의 전설은 진실을 찾아보기 힘들고
지은 사람 바뀌었고 지은 그 솜씨도 오래 되었구나.
옛 냄새 고루 풍겨도 새롭게 보이는 그 모습에 놀라니,
보는 사람 마음 가다듬어 부처님 보듯 신심 내기 바라노라.

이는 시구절로 5언 절구나 7언 절구나 율시 같은 형식에 맞는 문장이 아니어서 더욱 번역하기 어려워 애벌만 적었으니, 역시 눈 밝은 강호제현의 질정과 교정을 바란다.

실크로드 고전여행기

대당서역구법고승전

대당서역구법고승전 권하

8. 예주(澧州) 승철선사와 그 제자 고구려의 현유(玄遊)

승철선사(僧哲禪師)는 예주 사람으로 어려서부터 높은 절개를 지녔으며 일찍이 몸을 불문(佛門)에 맡겼다. 배움을 받아 깨달음이 매우 빨랐던 것은 병에 넣어 두었던 물을 다른 그릇에 부어 옮기는 것같이 쉬웠고 확실하였다. 또 그의 말솜씨를 본다면 모든 사람에게 추천되어 객이 앉는 높은 자리에 앉아도 여러 사람을 놀라게 할 만한 말재주를 가지고 있었다.

깊이 율장(律藏)을 연구하는 데 마음 쏟고 모든 선학(禪學)의 각파를 연구하여 『중론(中論)』과 『백론(百論)』의 두 분야를 오랫동안 연구하였고, 『방광대장엄경(方廣大莊嚴經)』[1]과 진(晉)의 유규(劉虯)[2]

---

1) 당 영순(永淳) 2년(683) 지파가라(地婆訶羅)가 번역한 것이며 모두 12권으로 되어 있다. 석가여래의 탄생, 입태, 위태(位胎), 출태(出胎), 출가, 성도, 전법륜(轉法輪, 설법), 열반(涅槃)의 팔상(八相)을 설명한 불경이다.

두 책에 있어서도 일찍이 그 깊은 종교의 경지를 터득하였다.

성스러운 불교의 유적을 흠모하여 뱃길로 인도에 도착하였다. 남다른 정열과 불교와의 인연으로 성적을 거의 고루 순례하고 동인도로 돌아와 삼마저타국(三摩呾吒國)에 이르렀다.

그 나라의 국왕은 갈라사발타(羯羅社跋吒)라고 하시는 분으로 깊이 삼보(三寶)를 존경하여 우바새(upāsak/ 優婆塞)[3]가 되어 정성을 다하고 믿음에 철저하였는데 그 빛은 과거와 미래에서도 찾아볼 수 없다.

날마다 진흙으로 만든 불상 만구(萬軀)를 탁본(拓本) 또는 모사하여 모셔놓고 『대반야경(大般若經)』 십만 송(頌)을 읽고 생화(生花) 십만 송이를 써서 왕 스스로 공양하였다.

불전 앞에 바쳤던 예물은 여러 국민과 같이 나누었다. 가마를 갖추어 관세음보살상을 잘 장식하고, 행렬을 갖추어 성문 안으로 맞으려 할 때는 먼저 출발하여 인도하는 깃발과 음악은 햇빛을 막고 온 하늘을 울릴 만큼 성대하였고, 불상과 승려들이 앞에서 인도하고 왕은 그 뒤를 따랐다.

왕성 안에는 승려와 여승이 4천 명 가량 있는데, 모두 왕으로부터 공양을 받았다. 항상 이른 아침이 되면 절에 모여들게 하여 방 앞에서 합장하고 서둘러 문안 인사를 하였다. 왕이 법사(法師)들에게 삼가 물어보는 말씀은 "지난밤 편안하셨는지요? 또는 그렇지 못하셨는지요?"라고 하는 것이었다.

---

2) 그가 설명한 교상론(教相論)은 그 후 중국 불교의 한 학파가 되었는데, 돈교적 불경은 화엄경(華嚴經)뿐이며, 점교로서는 제위경(提謂經)에서 시작하여 아함경(阿含經), 유마경(維摩經), 반야경(般若經), 사익경(思益經), 법화경(法華經), 열반경의 차례로 읽으면 여래의 모든 가르치심을 이해할 수 있다는 것이다.

3) 원문은 '대오파색가(大鄔波索迦)'라고 되어 있으나 일반적으로는 우바새로 쓰인다. 출가하지 않고 오계(五戒)를 받고 삼보(三寶)를 정성껏 섬기는 남자를 말한다. 우리의 거사에 해당된다.

스님들은 이에 대답하여 "대왕께서도 무병장수를 누리시고 나라에 복이 내려져 모든 것이 잘 되도록 비나이다"라고 말한다. 이와 같은 질문과 답변이 끝나고서야 비로소 나라 일을 논하였다.

전 인도의 모든 곳에서 총명한 대덕과 넓은 지혜와 재능 있는 이들과 널리 소승에 대한 일체의 경장과 논장을 읽어서 그 심오한 이론을 모두 풀이할 수 있는 이들이 모두 이 나라에 모인다. 참으로 왕이 어질다는 소문이 널리 준골(駿骨)[4]에까지 미치게 되어 먼 곳의 인재들까지 모이는 것이다.

그 승철법사도 이 왕사(王寺)에서 가장 특별한 예우를 받고 있었다. 마음을 범어로 된 불경 연구에 두셔서, 자못 날로 그 학문적인 경지가 새로운 분야를 개척하여 발전을 거듭하고 있었다.

내[의정]가 돌아올 때 서로 만나지는 못하였지마는 아직도 그곳에 머물고 있다고 들은 바 있다. 그이 나이는 대략 40세 가량이다.

승철의 제자 현유(玄遊)[5]는 고구려국(高句麗國)의 사람이다. 승철을 따라 사자국(師子國)에서 출가(出家)하여 승려가 되었는데, 그 까닭에 그곳에 머물고 있다.

---

4) 초(楚)나라에 준마(駿馬)를 구하는 어떤 사람이 있었는데 먼저 천금을 주고 준마의 죽은 뼈를 샀다. 세상 사람들은 이를 듣고 죽은 말의 뼈를 천금을 주고 샀으니 준마는 아주 비싸게 살 것이라고 하여 오래지 않아 좋은 말을 팔려는 사람이 잇따라 나타났다는 고사(故事)를 빌려서 쓴 말이다.

5) 현유가 고구려 사람이라는 사실과 특히 사자국인 현 스리랑카에서 출가하여 그곳에 머물고 있다는 기록은 이채롭지만, 더 이상의 언급이 없고, 다른 사료에서도 그의 인적사항을 확인할 방법이 없어서 섭섭함을 금할 수 없다. 그리고 원문은 '고려'로 되어 있으나, 시기적으로 이때는 아직 고려가 개국하기 전이었음으로 고구려가 맞을 것이다.

「중귀남해전(重歸南海傳)」에 나오는 정고율사와 제자 4인

≪의정은 당의 천수(天授) 3년(692) 5월에 자신이 뱃길로 인도에 도착하여 여러 불적지를 순례하고 스리비자야에 돌아올 때까지 도중에서 직접 만나서 보고 들은 56명의 구법승에 대한 전기들과 그 외 그가 직접 참배한 인도의 여러 사원들에 대한 자료들을 정리하여 『대당서역구법고승전』이라는 이름으로 묶어서 스리비자야에서 대진(大津師)[1]편에 장안으로 돌려보내 중종(中宗)황제에게 바쳤다고 한다.

그 뒤 의정의 후일담에 의하면, 3년 뒤 영창(永昌) 7년(695)에 의정은 광저우로 보내는 편지를 쓰려고 상선에 올랐다가 배가 갑자기 떠나는 바람에 아무 준비도 없이 스리비자야를 떠나 광저우[廣州]를 돌아오게 되었다고 한다.

그리하여 정고율사(貞固律師)와 그 제자 등 네 명을 만나 다시 스리바자야로 돌아오게 되었는데, 이때 같이 갔던 네 명의 전기를 적은 것이 이 「중귀남해전」이

1) 의정에 원문에는 분명히 '대진사(寺)'라고 적혀 있으나 착오로 보여서 절 이름이 아닌 비구 이름으로 정정했다. 만약 대진사가 절이라면 "대진사의 누구누구에게 책을 보냈다"로 해석이 가능하다.

다. 이 기록은 그 내용을 보면 알 수 있듯이, 의정이 다시 광저우로 돌아온 후에 정고율사가 구술한 내용을 정리한 것으로 비정되고 있다.

이렇게 다시 남해로 간 기록인 「중귀남해전」은 후반부의 해양 실크로드의 출발 항구인 광저우의 불교계 상황이 소상하게 기록되어 있고, 스리비자야로의 해양로에 대한 국내외 자료가 부족한 점과 본 <실크로드 고전여행기> 총서의 성격과 어울리는 내용임을 고려하여 말미에 번역하여 첨부하기로 하였으나, 다만 의정과 정고율사 외에 스리비자야로 동행하였던 정고율사의 제자 회업(懷業)과 비구 도굉(道宏), 법랑(法朗) 등의 간략한 전기도 원문에는 기록되어 있으나 이는 별로 의미가 없어서 생략하였음을 밝혀둔다.≫

비구 정고율사는 인도 이름을 사라급다(娑羅笈多)라고 하며 정지 영천(鄭地滎川) 사람이다. 그의 속성은 맹씨(孟氏)이며 까마귀를 쫓는 나이[2]가 되어 이미 불교의 교양을 쌓아 올렸으며 어른이 되어서도 그 마음은 항상 불교에 쏠리어 있었다.

그의 나이 겨우 14세 때에 벌써 부모를 여위는 쓰라린 몸이 되고 보니 사람들이 살고 있는 속세에 살 수 없다는 것을 느끼게 되어 더 불교를 존중하여야 할 것을 절실히 느끼게 되었다. 이에 올바른 신앙을 가지고 이 속세가 아닌 불도량에 살 것을 꾀하여 드디어 범수(汜水)[3]에 있는 등자사(等慈寺)의 원법사(遠法師) 계시는 곳을 찾아 스승으로 섬겨 시봉하며 수행하였다.

뜻을 불교 교리의 중요한 것을 밝히는 데 두어 대경(大經)[4]을

2) 원문은 '驅烏之歲'인데, 인도의 풍속에서는 7세에서 13세까지의 어린 나이에는 밥 위에 앉는 까마귀를 쫓은 일을 한다는 것에서 나온 비유이다.

3) 현 하남성 개봉도(開封道) 시수현(汜水縣)이며 형택현(滎澤縣)의 서쪽에 있다.

4) 정토삼부경(淨土三部經) 가운데서 아미타경(阿彌陀經) 등을 소경(小經)이라고 한 데 대하여 무량수경(無量壽經)을 대경이라고 한다. 대경은 불교에서는 내세불(來世佛)로 믿어지고 있는 아미타여래의 인(因)·행(行)·과(果)·덕(德)을 설명한 경이다.

읽어 2~3년을 지나게 되자 정고율사께서는 드디어 깊은 경지에 들어가기에 이르렀던 것이다.

그 뒤 상주(相州)와 임려(林慮)의 여러 사찰에 가서 스승을 찾아 학문을 배우고 뜻을 세워 선문(禪門)에 들어갈 것을 희망하였다. 그러나 스스로 되새겨보건대 아직 교검(校檢)[5]을 겪지 않았던 까닭에 대경(大經)에 써진 것이 올바른 것인지 그렇지 못한 것인지를 가려내기 힘겨웠다.

이에 동위(東魏)[6]로 가서 유식(唯識)[7]을 읽고 강의를 듣고 다시 안주(安州)의 대유선사(大猷) 계시는 곳으로 가서 방등(方等)[8]을 배워 익히기를 수십 일이 되지 않아서 곧 수행을 통하여서만 얻어질 수 있는 뛰어난 외모를 나타내게 되었다.

다시 형주(荊州)로 가서 여러 산과 물을 거쳐 높은 식견을 지니신 분을 찾아 아직 듣지 못하였던 깊은 교리를 들으려고 하였다. 그 뒤 다시 양주(襄州)로 가서 선도선사(善導)를 만나 미타승행(彌陀勝行)[9]을 받았다. 이때에 꼼꼼히 사바세계의 예토(穢土)를 버릴 것을 바라고 영원히 편안하게 있을 수 있는 정토(淨土)에 가고자 하

---

5) 교검(校檢) 또는 교행(教行)이라고도 하며 불교의 진리와 그 교리에 대해 확인하는 수행을 말한다.

6) 선비족인 탁발부(拓跋部)가 중국의 북부를 통일하여 북위(北魏)를 세운 뒤에 낙양에 도읍하였으나 약 100년 뒤인 535년 무렵 동위(東魏)와 서위(西魏)로 분열되어 동위는 업(鄴)에 도읍하였다. 여기서 '동위'라고 하는 것은 이미 없어진 나라를 이야기하는 것이 아니고, 그 도읍지였던 '업'을 가리킨 것이다. 현 하남성의 황하 하류인 임창현(臨創縣) 서남에 있다.

7) 4세기의 세친(世親)에서 비롯된 학설로 그 개요는 인간이 어떤 것을 인식하는 데 있어서는 눈(眼)·귀(耳)·코(鼻)·혀(舌)·촉각(身) 같은 육식을 통하여 받아들이는 것 이외에도 사고 판단능력을 말하는 말라식(末那識)과 지식이나 양심을 받아들여 그것을 지속시키는 능력을 말하는 아라야식(阿賴耶識)의 여덟 가지에 따라 일체 제법(諸法)의 원천이 된다는 내용이다.

8) 여기서는 대승불전(大乘佛典)을 가리키고 있다.

9) 아미타불이 일체중생을 제도하기 위하여 여섯 글자로 된 명호 '나무아미타불'을 정성껏 외워 그 공덕으로 우리가 지은 죄를 정화하는 수행을 말한다.

였었다.

그리고 생각하기를 자기 혼자만 극락정토에 가고 다른 사람을 이롭게 하는 수행을 게을리하는 것은 대사행(大士行)[10]에서 벗어나는 것이며 번뇌에 차 있는 이 속세나 극락정토도 유식의 견지에서 본다면, 모두 팔식(八識)이 변한 바와 다름이 없다. 그런데 '어찌 이 두 세계를 구별하여 이 속세만을 싫어하여야 할 이치가 있겠는가?'라고 믿게 되었다.

거기서 다시 현산 회각사(峴山恢覺寺)의 징선사(澄禪師) 계시는 곳을 찾아가 처음으로 소승불교의 교리를 배우고, 점차 대승불교의 교리에도 깊은 경지에까지 도달하였다.

징선사는 계율에 관한 서적을 연구하시고 여래께서 병자를 돌보는[11] 데 있어 지켜야 할 다섯 가지 덕목의 자비로운 마음가짐을 가지고 제자들에게 불교를 일으켜야 한다고 당부하셨던 무거운 책임을 스스로가 등에 지고 있는 것같이 여겨서 경론을 연구하셨고 말세에 있어서 사의(四依)[12]의 주지(住持)[13]로서 자처(自處)하고 계셨다.

---

10) 대승불교의 실천덕목인 육바라밀(六波羅密)을 수행하여 다른 사람과 자기에게 이롭게 하는 원만한 불과(佛果)를 밝히려는 보살행을 말한다.

11) 사분율에 의하면 ① 병인이 음식을 먹을 수 있는지 없는지를 알 것, ② 병인의 대소변이나 토한 것을 싫어하지 않을 것, ③ 자비와 동정으로 입지 않고 먹지 않을 것, ④ 탕약을 잘 대릴 것, ⑤ 병인에게 설법하여 그로 하여금 즐겁도록 할 것 등이다.

12) 신앙생활에 있어서 지켜야 할 네 가지 일을 사의(四依)라고 한다. 즉 ① 누더기옷을 입는 것, ② 탁발걸식(托鉢乞食), ③ 나무 아래[樹下]에 앉는 것, ④ 윤리와 정신적 활동의 정화 등이다. 한편『대열반경(大涅槃經)』권6에는 능히 정법(正法)을 지키고 정법을 세우고 마음 깊이 정법을 외워 중히 여기며 다시 이렇게 함으로써 다른 사람을 이롭게 하여 그들로 하여금 안락하게 하는 네 가지 형의 사람이 있다 했는데, 이 네 가지 일을 '四依'라고도 한다.

13) 절의 직책인 주지를 말하는 것이 아니고, 그 위치에 만족하고 안주(安住)하여 정법(正法)을 지킨다는 뜻이다.

선의 수행으로 정신을 통일하여 헛된 집념에서 떠나 깨달음의 경지에 이르는 그의 깊은 신앙은 팔해탈(八解脫)의 수행으로 완전한 경지에까지 도달하였고 육도(六度)[14]의 대사행을 수행하여 지혜에 있어서도 뛰어나게 되었다. 오진(五塵)은 순수하고 맑았으며 여래께서 생존 시에 겪으셨던 아홉 가지 고뇌 같은 것에도 놀라지를 않았다. 밖으로는 사류(四流)[15]를 초월하면서도 마음으로는 항상 삼정(三定)에 살아 편안하고 즐거운 경지에 들어 있었다.

이에 불교계의 승려나 속인들은 그를 섬겨 지도자의 으뜸으로 모셨다. 특별히 황제의 뜻을 받들어 부르심을 입어 낙양에 오게 되어 위국동사(魏國東寺)에 계시면서 박식한 승려로 손꼽혔었다.

이때 정고율사는 연령이 20살 남짓하였으며 징선사의 가르침을 받아 원구(圓具)[16]에까지 이르렀고 겨우 1년을 겪고서는 모든 불교 계율의 중요한 것을 익혔다.

다시 안주(安州)의 수율사(秀律師) 계시는 곳으로 가서 3년 동안 열심히 선율사(宣律師)께서 적어 남기신 글을 읽었다.

끊임없이 석가여래와의 문답을 통하여 불교에 대한 의문점을 해결해나갔던 우팔리(Upali/ 鄔波離)[17] 존자는 오편(五篇)[18]의 안과

14) 육바라밀(六波羅密)을 가리킨 것으로 보시(布施)·지계(持戒)·인욕(忍辱)·정진(精進)·선정(禪定)·지혜(智慧) 등으로 보살의 여섯 가지 실천덕목이다.

15) 첫째 삼계(三界)에서의 헛된 생각(妄見)을 내는 견류(見流), 둘째 욕계(欲界)의 망설임을 말하는 욕류(欲流), 셋째 색계(色界)에 대한 여러 가지 욕말을 말하는 유류(有流), 넷째 '삼계'의 여러 가지 망설임과 집착을 말하는 무유류(無有流) 등 네 가지를 말한다.

16) 원구(圓具): 완전한 각자(覺者)에 가까운 경지까지 수행한 사람이 받게 되는 종교적인 계율.

17) 10대 제자 중에서 지게제일로 원래 가필라성의 왕실 집사였으나 여래께서 고향으로 돌아오셨을 때 다른 석가족에 앞서 출가하였다. 제1회 결집 때에 율장을 결집하였다. 『우파리문불경(優婆離問佛經)』 1권이 있다.

18) 오편이란 죄의 성질과 결과를 다섯 가지로 나눈 것으로, 1단두(斷頭)는 가장 무거운 죄, 즉 다시 출가할 수 없으며 머리를 벤 것과 같다. 2승잔죄(僧殘罪)는 죽음

걸[表裏]을 꿰뚫었고 석가여래의 가르치신 불교의 진리를 정성껏 지켜 실행하였던 비사녀(毘舍女)[19]의 칠취(七聚)[20]의 무거운 죄과(罪過)를 깊이 이해하였던 것과 같이 계율을 지키는 데 정진하셨다.

율장에 이르기를 계(戒)를 받아 5년이 지나면 스승 곁을 떠나 여러 곳으로 수행을 위한 길을 떠날 수 있으나 다시 1년 이내에 머물며 지도받는 스승을 구하여야 한다. 또 10년을 지나면 머물러 지도받는 스승은 필요치 않으나, 그래도 덕이 높으신 분을 찾아 수행하여야 한다고 되어 있기에 정고율사는 그것을 지켜 스승을 찾아 계율에 정진하였다.

수율사(秀律師)는 사천의 흥율사(興律師)의 수제자로 원구(圓具)에 들어가서도 여전히 사천에 계셨다. 화상이 계시는 곳에서 계율을 4년 동안 배웠다. 뒤에 장안의 선율사(宣律師) 계시는 곳에 의지하여 머물러 객이 되었다. 그는 전설에 계우(鵞鳥)는 한 그릇 속에 담겨 있는 젖과 물이 섞여 있는 혼합체에서도 젖만 빨아서 삼키는 식별력이 있다는 것과 같이 올바른 것과 간사한 것과 선과 악이 섞여 있는 것에서도, 이를 식별할 수 있는 맑고 날카로운 능력을 가지고 있었으며, 일체의 설법을 전하여 받는 것은 쏟아지는 물을 병에 모두 받는 것과 같았으며, 이를 지키는 것은 아난다(Ananda/阿難陀/ 歡喜) 존자의 마음가짐과 같았다. 전후 16년 동안을 거치면

과 같은 죄이나 대중에게 참회하면 남은 목숨은 지킬 수 있다. 3타옥(墮獄)은 지옥에 떨어지는 사람이 된다. 4향피해(向彼海)는 다른 승려에게 참회하면 그 죄가 줄어지거나 없어진다. 5악작(惡作)은 모든 나쁜 행위이다.

19) 사위성(舍衛城)의 장자(長者) 비사겁모(毘舍劫母)로 기원정사의 동북쪽 동원정사(東園精舍)를 세워 항상 여래를 모시고 그 설법을 들었으며 불교의 가르침을 잘 지켜 항상 깨끗한 수행에 정진하여 이상적인 여성상(女性像)으로 불교사에 전해지고 있다.

20) 위의 각주 18)에서 설명한 오편(五篇)과 같은 죄를 일곱 가지로 넓혀서 6에 '대장선도(大障善道)' '단두' '승잔죄'를 범하여 그것을 완전히 이루지 못한 것과, 7에 악설(惡說) 가장 가벼운 죄가 더 첨부되어 칠취가 된다.

서 스승의 가르침을 받지 않았던 일은 없었다. 여러 분야의 불서를 끝까지 연구하고 몇 학파의 설을 소화하여 종합하고 율사의 소(疏)를 잘 지켜나가는 것을 종교적인 신념으로 하였다.

그 뒤 장안을 떠나 낙양으로 갔다가 다시 황주(黃州)로 향하여 자기의 출생지에 들렀다. 그 다음 해 안주(安州)로 가서 크게 율교(律教)를 일으켰다. 이에 여러 왕과 자사(刺史)들이 모두 서로 받들어 그의 가르침을 받았다. 율(律)에 말하기를 만약 율사 계시는 곳에만 있다면 나와 더불어 십력사(十力寺)에 있는 것과 다를 바 없다고 하였다. 나이 70여 세에 이르러 이 세상을 떠나셨다.

그 계율을 지키고서부터 행동은 맑고 순수하였으며 귀와 눈을 통하여 받아들인 지식은 매우 넓고 여기에 그분이 계셔서 기둥이 되어 불교의 명맥은 매미소리가 끊기지 않은 것같이 서로 뒤를 받아서 이어져 내려왔던 것이다. 그것은 한진(漢珍)과 형옥(荊玉)[21]이 비록 나는 곳은 다르다 하더라도 다같이 아름답고, 계수나무 가지와 난초 잎의 마디[節]가 다르다 하더라도 다같이 향기로운 것과 같다고 할 것이다.

정고율사는 이제 불교의 계율에 관한 서적을 깊이 알게 되어 경론(經論)을 펼쳐 읽고, 또 『법화경(法華經)』과 『유마경(維摩經)』을 천 번 가까이 읽었고, 마음속 깊이 항상 수행을 잊지 않았고 되새겨 항상 그 가르침을 굳게 지켜, 신구의(身口意) 삼업이 불경 읽기에 게을리 하지 않았고, 행주좌와(行住坐臥)의 위의(威儀)에 있어서도 그만둔 일은 없었다.

그 뒤 다시 양주(襄州)에 가서 화상이 계시는 곳에 머물면서 수트라(Sutra/ 經藏/ 蘇旦羅)를 듣고, 논장을 펼쳐 물어보아 자못 깊은

21) '한진'은 한(漢)시대에 곤륜산(崑崙山) 계곡에서 나오는 옥(玉)이며, '형옥'은 형산(荊山)에서 나오는 옥으로 최고의 가치를 가진 보배로 대접 받았다.

경지에 이르렀고, 두루 의주(衣珠)[22]를 살펴서, 타고난 보배로운 성품을 깨달아 이를 수행한다는 자기 스스로에 대한 반성의 필요함을 깨닫고, 화성(化城)에서 머물렀다가 끝내는 보저(寶渚)에 이르기를 바랐다. 이에 곧 양수(襄水)에서 발을 씻고 여산(廬山)을 바라보며 걸어가 그곳의 뛰어난 스님들의 많은 수행을 우러러보고 동림사(東林寺)[23]에 정주하여 뜻을 폈다.

[마침내 정고율사는] 사자주(師子洲)에 가서 그곳에 모셔 있는 불아(佛牙)에 배례하고, 여러 성스러운 불교유적을 순례하고자 하는 뜻을 품게 되어, 수공(垂拱) 연간(685~688)에 순례길을 계림(桂林)으로 옮겨 마음 내키는 곳을 돌아다니다가, 청원(淸遠)의 협곡(峽谷)에까지 발길이 미치게 되었고, 인연을 같이하고자 하는 생각이 일어 광동에 이르게 되었다. 이에 광동의 신도들이 율교(律教)의 전적에 대하여 설법할 것을 청하여 왔다.

그 당시는 대당제국의 황제께서 천하에 고루 삼사(三師)[24]를 두고 석가여래의 그 가르침이 다시 빛을 내고 불법이 오래도록 지속하기를 바랐던 때였다. 그리하여 [당나라 황제의 불교 진흥의] 위의(威儀)는 바로 율장이었다. 정고율사도 또 여러 사람들이 흠모하며 청하는 바에 따라 삼장도량에서 비나야교(Vinaya/ 毘奈耶教/ 律藏)를 강의하였다.

[이렇게] 9년을 지나면서 칠편(七篇)을 모두 마쳐 법도를 잘 가르

---

22) '의주를 살핀다'는 것은 『법화경』에서 나온 말인데, 사람은 자기 몸에 주어진 옷 속[衣裏]에 감추어진 보주(寶珠)를 깨닫지 못하고 스스로 가난에 시달리는 것은 바보가 하는 짓이다. 까닭에 먼저 우리는 옷 속을 살펴 타고난 보배와 같은 성품을 깨달아 이를 수행하여야 한다는 자기반성의 필요함을 가르친 말이다.

23) 여산 동림사는 호계삼소로 유면한 혜원선사의 회상으로 유명한 곳이다.

24) 비구계를 수여할 때 올바르게 계(戒)를 수여하는 전계사(傳戒師)와 표현 및 법문을 수여하는 갈마사(羯磨師), 그 절차 의식법을 가르치는 교수사(教授師)를 합쳐 '삼사'라고 한다.

쳤고, 널리 당시의 속인들을 이끌었다. 그때 제진사(制眞寺)의 공사리(恭闍梨)사문은 매번 강석에서 스스로 친히 수행을 지도하였는데, 진실한 모습으로 잘 인도하고 널리 구제하며 괴로움을 잊고 있었다고 할 수 있다. 공사리는 어렸을 때 출가하여 승려가 되어 높은 도덕적 행동과 굳은 지조를 지켜 그의 나이 70이 넘어도 항상 오편을 섬겨 마음 깊이 새겼다. 복을 지은 사람은 그의 높은 지혜를 접할 수 있을 것이다. 실로 선정은 가장 깊숙한 경지에까지 이르고 불법은 넓은 바다로 이끌어 파도와 통하고, 문(聞)·사(思)·수(修)의 삼혜(三慧) 가운데서 사혜(思慧)가 특히 뛰어나 있었다.

깊이 허망한 생각의 근본을 밝혀서 교묘히 참된 마음의 근원을 깨닫고, 비록 만물은 모두 공(空)이며 실재하는 것이 아니라는 공상(空相)을 믿지만은, 이 까닭에 현재 우리가 살고 있는 세상을 가볍게 여겨 세속 일을 돌보지 않는 것과 같은 일은 하지를 않았으며, 이 세상과 인심을 이롭게 하는 사물의 효용 있는 일을 많이 하였다.

인연의 작용으로 모든 것이 끊임없는 변화를 하여 무상한 이 세상 가운데서 중생을 위하여 이용후생의 복업을 쌓아올려 그 공덕으로써 더 없는 최상의 불도에 들어가는 굳은 터전을 삼았던 것이며, 자주 장경(藏經)을 베끼고 항상 가난한 사람에게 먹을 것을 주었다. 실로 대중에게도 널리 그의 덕망이 알려져 사물에 따라서 삶의 방법을 알맞게 이끌어 여러 사람들을 깨달음의 경지까지 이끌어 더불어 율교의 가르침에 충실하도록 하였다.

정고율사께서는 여기서 같이 수행하던 벗들과 헤어져 다시 협산(峽山)으로 향하여 송림에 들어가서 조용히 수행생활을 하려고 하였으나, 마침 몽겸사(蒙謙寺)의 주인으로부터 빈객으로 특별초청을 받게 되었다. 몽겸사의 주인은 높은 덕을 지니신 분이며 예에 있어서는 어짊과 관용의 덕을 겸하여 언제나 여러 사람이 본받을 만한 분이며, 새해 정초부터는 스스로를 굽혀 다른 사람을 우러러 떠받들고 말을 할 때도 겸손하려는 데 힘썼다.

정고율사께서는 마음으로 몽겸사의 주인이 계시는 절에서 쉬며 수행하실 뜻을 품고, 기울어진 복도를 고치고 망가진 길을 고쳐 바로잡고 일그러진 주춧돌을 끼워 바르게 하려 하셨다. 절 안의 땅이 굽은 곳을 이용하여 산 위에서 흘러내려오는 물을 끌어 팔해(八解)의 맑고 맑은 수행의 물을 흐르게 할 것을 바라고 그 곁에 단을 마련하여 칠취의 향기로운 규율을 널리 펼칠 것을 다짐하였다. 다시 계단(戒壇)의 뒤쪽에는 선감(禪龕)을 마련하고 방등도량을 세워 정성껏 법화경을 독송하여 일승진실(一乘眞實)의 교리를 수행하는 데 힘쓰려 하였던 것이다.

비록 그 공사는 아직 이루어지지 않았다 하더라도 뜻은 이미 굳게 간직하고 있었다. 그리하여 포살(布薩)[25]의 궤의(軌儀)는 이미 그 내용의 줄거리에서 세부까지 이어받고 있었다.

[정고율사는] 언제나 한탄하여 말하기를

"그 옛날에 태어나 석가여래를 직접 뵈옵지 못하고 그 뒤로는 미륵보살을 뵈옵지 못하니 이 말세를 맞이한 지금에 있어서 어떻게 수행을 하여야 할까? 일찍이 공(空)과 유(有)의 불교 학설 안에서 깊이 마음을 괴롭혀 이름난 여러 스승을 찾아 그 문 앞에서 서성댔노라"고 하였다.

[한편, 나 의정은] 스리비자야의 강구(江口)에 정박해 있는 상선에 올라가서 편지를 써서 광저우[廣州]로 보내려고 묵지(墨紙)를 얻어서 범어 불경을 베끼면서 아울러 이 일을 도울 사람을 찾고 있었

25) 출가법에는 매월 반 달에 한 번 승려를 모아 계를 설하여 맑은 행동을 굳게 지키도록 하며 신도는 매월 8, 14, 15, 23, 29, 30일에 팔계(八戒)를 설하여 착한 행동을 지키도록 하였다.

는데, 그때 마침 상인들이 계절풍을 타서 돛을 올려버려서 뜻밖에 그 배에 실려 오게 되어 머물고자 하여도 방법이 없게 되었다. 그리하여 인간이 짓는 업(業)은 그 일어나는 것이 극히 복잡하고 여러 갈래로 나타나서 인간의 계획만으로는 어쩔 수 없다는 것을 절실히 느끼게 되었다.

드디어 영창(永昌) 원년 7월 20일에 광저우에 도착하여 여러 스님과 신자들을 다시 만나게 되었고 제지사(制旨寺)에 머물게 되었다.

모두가 한숨 지어 말하기를, 원래 [의정사]께서 인도로 가신 것은 불교의 새 지식을 얻는 교류를 바랐기 때문이며, 또한 해남에 오래 머물렀지만 불경은 가지고 오시지 못했다고 수군대었다.

[나 의정이] 인도에서 구한 350여만 자로 되어 있는 삼장(三藏)은 모두 스리비자야국에 놓고 왔으니 일이 이렇게 되고 보니 다시 그곳으로 가야만 하였다. 그러나 나이가 벌써 50을 지나 거듭 파도를 헤쳐 바다를 건너가더라도 네 마리의 말이 끄는 수레가 빠른 것같이, 빨리 지나가는 세월에 이 몸은 이미 그와 같은 일을 하기에는 마땅하지 못하였다. 아침 이슬이 곧 닥쳐올 듯한 것과 같은 이 순간에 무엇을 의지하여야 할는지 막막하였다.

경전은 불교에 있어서 없어서는 안 될 중요한 것인데, 누가 같이 가서 이것을 가지고 올 수 있겠는가? 한편으로 번역하고, 한편으로 받아쓰는 작업을 하는 데는 이 일을 하는 데 적당한 사람이 있어야 하는데….

주위 여러분께서 알려주기를 이곳에서 멀지 않은 곳에 한 율사가 있는데 정고(貞固)라고 하시는 분으로 오랫동안 율장을 연구하여 일찍이 정성을 쌓으셨으니, 만약 그분이 가실 뜻이 계시면 좋은 동행자가 될 것이라는 것이었다.

이제 겨우 이와 같은 말만 듣게 되어도 참으로 마음에 꼭 맞는 인물을 찾아낸 것 같았기에 이에 편지를 보내어 자세히 짐을 싸야 할 사유를 알리고 같이 갈 수 있는지에 대한 의견을 물었다.

정고율사께서는 편지를 읽고 잠시 생각하시고서 곧 같이 갈 뜻을 굳혔다. 요성(遼城)26)에서 한 번 일으킨 전략이 장군 세 사람의 거센 마음을 사로잡아 당 제국을 세우는 데 성공하였던 것같이, 또한 히말라야산 위에서 읊은 반게(半偈)가 그 산에서 수행하시던 대은보살(大隱菩薩)27)로 하여금 몸을 바치게 한 것과 같이, 정고율사께서는 나의 편지 한 통에 감동하여 이와 같은 큰일을 맡으실 열렬한 심경이 되시지 않았던가.

이에 기꺼이 깊숙한 계곡을 떠나 송림에서 즐기며 팔꿈치를 석문 앞에서 뿌리치고 옷을 제지도량(制旨道場) 안에 걸어놓고 출발의 감격을 마음껏 즐겼다.

[그리하여 정고율사와] 삿갓을 벗고 처음 대면하여 인사를 나눌 때부터 깨달음의 길에 정진할 뜻을 서로 같이하게 되었다. 이에 오체를 돌보지 않고 다른 일은 마음에 두지 않으면서 오로지 뒷날에 하여야 할 일만을 열심히 궁리하였다. 평생에 비록 만난 일이 없었는데도 실로 마음에 두고 있었던 뜻은 아침에 일치되어 더불어 저녁에는 같이 이번 행사(行事)에 대해 논의하였다.

정고율사께서는 대답하시기를 "구법(求法)의 길을 같이하려는

---

26) 요성(遼城): 지금의 산서성(山西省) 태원부(太原府)에서 동남으로 200리 떨어져 있는 요현(遼縣)이다. 수(隋)의 국내가 어지러워지자 유문정(劉文靜)이 이세민(李世民)에게 혁명을 일으킬 것을 권고하여 배숙(裴叔) 이연(李淵, 당의 고조)을 움직여 당나라를 세우게 하였던 것과 같이 의정이 정고 스님을 권유하여 같이 가는데 찬성하도록 한 것을 말한다.

27) 대은보살(大隱菩薩): 환인(桓因)이 계실 때 히말라야산에서 수행하였다는 전설적인 보살 이름이다. 환인이 나찰상(羅刹像)으로 히말라야산에 나타나 '제행무상 시생멸법(諸行無常 是生滅法)'이라는 게(偈)의 반만 읊었던바, 대은보살은 놀라 마지막까지 읊을 것을 청하자 지금 배가 고파서 읊을 수 없으니 그대의 따뜻한 살과 뜨거운 피를 주면 읊을 수 있다고 하기에 그는 스스로의 몸을 바쳤더니 나찰은 '생멸멸이 적멸위락(生滅滅已 寂滅爲樂)'이라고 끝을 맺었다는 『대열반경』에서 나오는 구절을 인용한 것이다.

그 집념에만 사로잡힌 나머지 처음 찾는 분에게 식자로서의 예의도 차리지 않고 스스로 가까워지는 마음을 일으키게 되었다"라고 했으며, 또 "시기가 이미 무르익었기에 뛰는 마음에 자기도 모르게 실례되는 행동을 하게 되었다"고 하셨고, "더불어 삼장(三藏)을 넓혀 포교의 천등(千燈)을 밝히는 것을 도울 사람이 될 것이다"라고도 하셨다.

그리하여 거듭 협산(峽山)에 가서 몽겸사(蒙謙寺)의 주인 등과 헤어졌다. 그는 시기에 비추어 알맞은 대우를 하여 내 뜻을 말리지 않고 품고 있던 뜻을 말하는 것을 듣고서는 모두가 그 계획을 도우며 좋아하였다. 자기는 가난하여도 그것을 걱정하지 않고 다른 사람을 돕는 것을 옳게 여겼으며 아울러 자금과 장비를 마련하여 부족한 일이 없도록 하였다. 광부(廣府)에 이르니 스님들과 신자들이 모두 자금과 양식을 보태주었다.

[그리하여] 그 해 11월 1일에 무역선에 올라 광저우를 떠났다. 참파(Champa/ 占波)[28]를 바라보며 돛을 멈추지 않고 그대로 지나 스리비자야를 향하여 긴 항해 길에 나섰다.

무릇 목숨이 있는 모든 것을 불교로 이끌고 가는 지도자가 되고, 애욕의 깊은 망설임 속세에서 중생을 제도하는 길잡이가 되며, 또 정고율사가 항상 나[의정]의 뜻에 따르려는 그 마음을 사랑하여 긴 여행에서도 그 본래 가졌던 뜻이 변하지 않을 것을 바라는 마음이 절실하다. 정고율사의 그때 나이는 40세였다. 이에 한 수 읊는다.

지자(智者)의 선업을 심는 것은 전세의 인연을 이어받은 것

28) 현 베트남 중부를 무대로 한 고대 왕조로 월남을 한(漢)나라 때부터 중국인들은 임읍국(林邑國)이라 불렀으나, 당나라시대부터는 '점파'라고 하였다. 임읍 세력의 중심은 현재의 빈치첸 칸남다낭 부근이었다고 전한다.

어릴 때 마음을 깨끗이 하여 복 짓는 일에만 정신 쏟고
정은 자기의 욕망을 이기려 하고 어진 마음을 밝히는 데 있네.
이익 되는 일에서 이름 올리지 않고 법사는 어진 일만 사랑하네.

(其一)

좋은 책 받아들고 진리를 좇아 뜻을 굳히고
착한 일에 마음을 두터이 하고 적은 잘못에도 두려움을 일으켜
해진 신발을 신어도 부귀영화는 버리지도 않았네.
집 고양이가 그 꼬리 짧아도 쓸모 있듯
벌이 꿀을 모아도 꽃의 색깔 향기만은 남겨둔 것 같구나.

(其二)

홀로 형택(滎澤)을 떠나 한음(漢陰)을 거닐고
철인은 근본을 찾아 율교(律敎)에 깊이 들어가
이미 그 줄거리 알아서 깊은 경지로 들어갔네.
멀리 성 보리수에 뜻을 두고 명아주 지팡이 계림(桂林)으로 끌었네.

(其三)

협곡에서 신(神)을 즐거이 하고 광천(廣川)에서 부홍 꾀하였으며
옛 것은 중국에서 닦고 다시 새 가르침 배우러 남쪽으로 길 떠나네.
버드나무로 잠자리 깔아도 괜찮고 향기로운 가르침 널리 전하려 할 뿐
장하도다. 남을 위하여 제 한 몸 버리는 그 큰 뜻이.

(其四)

좋은 동반자와 더불어 금주(金洲)[29]에 왔도다.

---

29) 중국에서 오늘날의 수마트라를 가리키는 말로 고대 인도인들이 그 상권(商權)을

수행할 수 있었던 것도 좋은 벗이 있어서였고,
뱃길 수레길 서로 도와가며 손과 발을 서로 빌렸네.
포교의 소망 맺어진다면 백 년을 사는데 부끄럽지 않으리.

(其五)

어제 스리비자야에 이르러 기약했던 그 소망 이루니
들지 못했던 진리도 듣고 보지 못한 많이 보게 되네.
번역하며 받아써서 경전의 뜻을 밝혀서 막힌 곳 찾아내고
새것 보고 알아서 계율을 적용하는 정도를 맞추어보네.
해박한 지식과 많은 지혜로 항상 아침에 깨달을 마음가짐 가져서,
공경하고 검소하며 부지런히 수행하여 저녁에 죽어도 거리낄 일 없네.
따르는 무리 많아 일이 늦어질 것 걱정하여도, 차분한 몸가짐은
때맞게 수행 그칠 줄 몰라 큰 불길이 바람 부는 대로 타서
천등(千燈)의 검은 그늚 없기를 바라고 있네.

(其六)

정고율사 등 4인은 배를 타고 모두 스리비자야에 무사히 도착하였다. [그들은 거기에서] 3년 동안 범어를 배워서 경전도 어지간히 통하게 되었다.

법랑(法朗)은 최근 가릉국(訶陵國)에 가서 그곳에서 여름을 지나 병에 걸려 죽었다(七十세). 회업(懷業)은 스리비자야에 있는 것이 좋아서 다시 광저우로 돌아오지 않았다. 다만 정고, 도굉(道宏)은 같이 광저우[廣府]로 돌아와 각각 이곳저곳에 머물며 뒤쫓아 돌아오기로 한 사람을 기다렸다.

수마트라에까지 뻗쳐 이 지역을 스바르나드비파(Svarnadvipa), 즉 '금의 땅[金州]'이라고 불렀다고 한다.

정고율사는 그 뒤 삼장도량(三藏道場)에서 율장의 연구에 힘을 기울이더니 3년도 채 못 되어 병에 걸려 돌아가셨다. 도굉만이 홀로 영남지방에 계셨으나 그 뒤 오랫동안 소식이 끊겨 매번 여러 곳에 알아보아도 편지가 통하지 않았다.

아! 이 네 분은 모두 넓은 그 뱃길을 건너 힘을 다하여 불법의 등불을 높이 들려고 하였던 것이나, 업(業)에도 길고 짧은 차이가 있어 다 같이 길을 떠났건만, 혹은 그곳에 머물게 되고, 혹은 죽고, 혹은 돌아오는 차이가 있음을 그 누가 알았겠는가?

이와 같은 일이 되새겨질 때마다 마음의 쓰라림과 아픔은 그치지 않는다. 이에 성인이 나와 올바른 길이 열릴 때 나타난다고 하는 기린(麒麟)이 나타나기 어려운 것과 같이, 전법(傳法)의 훌륭한 분이 이 세상에 나타나기 어려우며, 사람의 생사는 쉽게 바뀌어진다는 것을 알 수 있을 뿐이다.

공양할 수 있는 모든 것을 복전(福田)에 공양하여 그 공덕으로 서로가 도와가며 미륵보살이 이 세상에 내려오시어 용화수(龍華樹) 아래에서 설법하시는 그곳에서 서로 만나 이 속세에서의 괴로움을 다 같이 벗어날 것을 바라는 마음뿐이다.

실크로드
고전여행기

대당서역구법고승전
원문

大唐西域求法高僧傳 卷上 并序

大唐西域求法高僧傳 卷上

大唐西域求法高僧傳 卷下

又重歸南海傳有師資四人 苾芻貞固律師者

大唐西域求法高僧傳 卷上 并序

沙門義淨從西國還在南海室利佛逝撰寄歸并那爛陀寺圖 觀夫自古神州之地. 輕生殉法之賓. 顯法師則創闢荒途. 奘法師乃中開王路. 其間或西越紫塞而孤征. 或南渡滄溟以單逝. 莫不咸思聖跡罄五體而歸禮. 俱懷旋踵報四恩以流望. 然而勝途多難寶處彌長. 苗秀盈十而蓋多. 結實罕一而全少. 寔由茫茫象磧長川吐赫日之光. 浩浩鯨波巨[壑]起滔天之浪. 獨步鐵門之外. [一/旦]萬嶺而投身. 孤漂銅柱之前. 跨千江而遣命(跛南國有千江口也)或亡餐幾日輟飲數晨. 可謂思慮銷精神. 憂勞排正色. 致使去者數盈半百. 留者僅有幾人. 設令得到西國者. 以大唐無寺. 飄寄棲然為客遑遑. 停託無所. 遂使流離蓬轉牢居一處. 身既不安道寧隆矣. 嗚呼實可嘉其美誠. 冀傳芳於來葉. 粗據聞見撰題行狀云爾. 其中次第多以去時年代近遠存亡而比先後.

太州玄照法師	齊州道希法師
齊州師鞭法師	新羅阿離耶跋摩法師
新羅慧業法師	新羅求本法師
新羅玄太法師	新羅玄恪法師
新羅復有法師二人	睹貨羅佛陀跋摩師
并州道方法師	并州道生法師

并州常慜禪師	常慜弟子一人
京師末底僧訶師	京師玄會法師
質多跋摩師	吐蕃公主嬭母息二人
隆法師	益州明遠法師
益州義朗律師	朗律師弟子一人
益州智岸法師	益州會寧律師
交州運期法師	交州木叉提婆師
交州窺冲法師	交州慧琰法師
信胄法師	愛州智行法師
愛州大乘燈禪師	唐國僧伽跋摩師
高昌彼岸智岸二人	洛陽曇潤法師
洛陽義輝論師	又大唐三人
新羅慧輪法師	荊州道琳法師
荊州曇光法師	又大唐一人
荊州慧命禪師	潤州玄逵律師
晉州善行法師	襄陽靈運法師
澧州僧哲禪師(哲禪師弟子二人)	
洛陽智弘律師	荊州無行禪師
荊州法振禪師	荊州乘悟禪師
梁州乘如律師	澧州大津法師
右總五十六人.	先多零落.

淨來日有無行師道琳師慧輪師僧哲師智弘師五人見在計. 當垂拱元年. 與無行禪師執別西國. 不委今者何處存亡耳.

大唐西域求法高僧傳 卷上

沙門玄照法師者. 太州仙掌人也. 梵名般迦舍末底(唐言照慧)乃祖乃父冠冕相承. 而總髫之秋抽簪出俗. 成人之歲思禮聖蹤. 遂適京師尋聽經論. 以貞觀年中乃於大興善寺玄證師處. 初學梵. 於是仗錫西邁掛想祇園. 背金府而出流沙. 踐鐵門而登雪嶺. 漱香池以結念. 畢契四弘. 陟蔥阜而翹心誓度. 三有途經速利過睹貨羅. 遠跨胡疆到吐蕃國蒙文成公主送往北天. 漸向闍闌陀國. 未至之間. 長途險隘為賊見拘. 既而商旅計窮控告無所. 遂乃援神寫契仗聖明衷. 夢而咸徵. 覺見群賊皆睡私引出圍. 遂便免. 住闍闌陀國經于四載. 蒙國王欽重留之供養. 學經律習梵文. 既得少通. 漸次南上到莫訶菩提. 復經四夏. 自恨生不遇聖幸睹遺蹤. 仰慈氏所制之真容. 著精誠而無替. 爰以翹敬之餘. 沈情俱舍既解對法. 清想律儀兩教斯明. 之那爛陀寺. 留住三年. 就勝光法師中百學等論. 復就寶師子大德受瑜伽十七地. 門定瀲. 亟睹關涯. 既盡宏綱. 遂往弶(巨亮反)伽河北. 受國王苫部供養. 住信者等寺復歷三年. 後因唐使王玄策歸鄉. 表奏言其實德. 遂蒙降敕. 重詣西天追玄照入京. 路次泥波羅國. 蒙王發遣送至吐蕃. 重見文成公主. 深致禮遇. 資給歸唐. 於是巡涉西蕃而至東夏. 以九月而辭苫部. 正月便到洛陽. 五月之間途經萬里. 于時麟德年中. 駕幸東洛奉謁闕庭. 還蒙敕旨令往羯濕彌囉國. 取長年婆羅門盧迦溢多. 既與洛陽諸德相見. 略論佛法綱紀. 敬愛寺導律師觀法師

等. 諸譯薩婆多部律攝. 既而敕令促去不遂本懷. 所將梵本悉留京下. 於是重涉流沙還經磧石. 嶇棧道之側. 曳半影而斜通. 搖泊繩橋之下. 沒全軀以傍渡. 遭吐蕃賊脫首得全. 遇兇奴寇僅存餘命. 行至北印度界. 見唐使人引盧迦溢多於路相遇. 盧迦溢多復令玄照及使傔數人向西印度羅荼國取長年藥. 路過縛渴羅到納婆毘訶羅(唐云新寺)睹如來澡盥及諸聖跡. 漸至迦畢試國禮如來頂骨. 香華具設取其印文. 觀來生善惡. 復過信度國方達羅荼矣. 蒙王禮敬安居四載. 轉歷南天. 將諸雜藥望歸東夏. 到金剛座旋之. 那爛陀寺淨與相見. 盡平生之志願. 契總會於龍華. 但以泥波羅道吐蕃擁塞不通迦畢試途多氏捉而難度. 遂且棲志鷲峰沈情竹苑. 雖每有傳燈之望. 而未諧落葉之心. 嗟乎苦行標誠利生不遂. 思攀雲駕墜翼中天. 在中印度菴摩羅跛國遘疾而卒. 春秋六十餘矣(言多氏者即大食國也).

傷曰. 卓矣壯志. 穎秀生田. 頻經細柳. 幾步祁連. 祥河濯流. 竹苑搖芊. 翹心念念. 渴想玄玄. 專希演法. 志託提生. 嗚呼不遂. 愴矣無成. 兩河沈骨. 八水揚名. 善乎守死. 哲人利貞(兩河即在西河. 八水乃屬京都).

阿難耶跋摩者. 新羅人也. 以貞觀年中出長安之廣脅(王城小名)追求正教親禮聖蹤. 住那爛陀寺. 多閑律論抄寫眾經. 痛矣歸心所期不契. 出雞貴之東境. 沒龍泉之西裔. 即於此寺無常. 年七十餘矣(雞貴者. 梵云矩矩吒[瑿]說羅矩矩吒是雞. [瑿]說羅是貴. 即高麗國也. 相傳云. 彼國敬雞神而取尊. 故戴翎羽而表飾矣. 那爛陀有池. 名曰龍泉. 西方喚高麗為矩矩吒[瑿]說羅也).

慧業法師者. 新羅人也. 在貞觀年中往遊西域. 住菩提寺觀禮聖蹤. 於那爛陀久而聽讀. 淨因檢唐本. 忽見梁論. 下記云. 在佛齒木樹下新羅僧慧業寫記. 訪問寺僧. 云終於此. 年將六十餘矣. 所寫梵本

並在那爛陀寺.

玄太法師者. 新羅人也. 梵名薩婆愼若提婆(唐云一切智天)永徽年内取吐蕃道. 經泥波羅到中印度. 禮菩提樹詳檢經論. 旋踵東土行至土谷渾. 逢道希師覆相引致. 還向大覺寺後歸唐國. 莫知所終矣.

玄恪法師者. 新羅人也. 與玄照法師貞觀年中相隨而至大覺. 既伸禮敬遇疾而亡. 年過不惑之期耳.

復有新羅僧二人. 莫知其諱發自長安遠之南海. 汎舶至室利佛逝國西婆魯師國. 遇疾俱亡.

慧輪師者. 新羅人也. 梵名般若跋摩(唐云慧甲)自本國出家翹心聖跡. 汎舶而陵閩越. 涉步而屆長安. 奉敕隨玄照師西行以充侍者. 既之西國遍禮聖蹤. 居菴摩羅跛國在信者寺住經十載. 近住次東邊北方睹貨羅僧寺. 元是睹貨羅人為本國僧所造. 其寺巨富貲產豐饒供養餐設餘莫加也. 寺名健陀羅山荼. 慧輪住此. 既善梵言薄閑俱舍. 來日尚在年向四十矣. 其北方僧來者. 皆住此寺為主人耳. 大覺寺西有迦畢試國寺. 寺亦巨富多諸碩德. 普學小乘. 北方僧來亦住此寺. 名窶拏折里多(唐云德行)大覺東北兩驛許有寺名屈錄迦. 即是南方屈錄迦國王昔所造也. 寺雖貧素而戒行清嚴. 近者日軍王復於故寺之側更造一寺. 今始新成. 南國僧來多住於此. 諸方皆悉有寺. 所以本國通流. 神州獨無一處. 致令往還艱苦耳. 那爛陀寺東四十驛許. 尋弶伽河而下至蜜栗伽悉他鉢娜寺(唐云鹿園寺也)去此寺不遠有一故寺. 但有塼基. 厥號支那寺. 古老相傳云. 是昔室利笈多大王為支那國僧所造(支那即廣州也. 莫訶支那即京師也. 亦云提婆弗呾羅. 唐云天子也)于時有唐僧二十許人. 從蜀川牂[牁]道而出(蜀川去

此寺有五百餘驛)向莫訶菩提禮拜. 王見敬重. 遂施此地以充停息. 給大村封二十四所. 於後唐僧亡沒. 村乃割屬餘人. 現有三村入鹿園寺矣. 准量支那寺. 至今可五百餘年矣. 現今地屬東印度王. 其王名提婆跋摩. 每言曰. 若有大唐天子處數僧來者. 我為重興此寺. 還其村封令不絕也. 誠可歎. 曰雖有鵲巢之易. 而樂福者難逢. 必若心存濟益. 奏請弘此誠非小事也. 金剛座大覺寺即僧訶羅國王所造. 師子洲僧舊住於此. 大覺寺東北行七驛許至那爛陀寺. 乃是古王室利鑠羯羅昳底. 為北天苾芻曷羅社槃所造. 此寺初基纔餘方堵. 其後代國王苗裔相承造製宏壯. 則贍部洲中當今無以加也. 軌模不可具述. 但且略敘區寰耳. 然其寺形畟方如域. 四面直簷長廊遍匝. 皆是塼室. 重疊三層層高丈餘. 橫梁板闐本無椽瓦. 用塼平覆. 寺背正直隨意旋往. 其房後壁即為外面也. 壘塼峻峭高三四丈. 上作人頭高共人等. 其僧房也面有九焉. 一一房中可方丈許. 後面通窗戶向簷矣. 其門既高唯安一扇. 皆相瞻望不許安簾. 出外平觀四面皆睹. 相檢察寧容片私. 於一角頭作. 閣道還往. 寺上四角各為塼堂. 多聞大德而住於此. 寺門西向飛閣凌虛. 雕刻奇形妙盡工飾. 其門乃與房相連. 元不別作. 但前出兩步齊安四柱. 其門雖非過大實乃裝架彌堅. 每至食時重關返閉. 既是聖教意在防私. 寺內之地方三十步許. 皆以塼砌. 小者或七步或五步耳. 凡所覆屋脊上簷前房內之地. 並用塼屑如桃棗大. 和雜粘泥以杵平築. 用疆石灰. 雜以麻筋并油及麻滓爛皮之屬. 浸漬多日泥於塼地之上. 覆以青草經三數日. 看其欲乾重以滑石揩. 拭拂赤土汁或丹朱之類. 後以油塗鮮澄若鏡. 其堂殿階陛悉皆如此. 一作已後縱人踐蹋. 動經一二十載曾不圮礫. 不同石灰水沾便脫. 如斯等類乃有八寺. 上皆平通規矩相似. 於寺東面西取房. 或一或三. 用安尊像. 或可即於此面前出多少. 別起臺觀為佛殿矣. 此寺西南大院之外. 方列大窣睹波(舊云塔者訛略)及諸制底(舊云支提者訛)數乃盈百. 聖跡相連不可稱記. 金寶瑩飾實成希有. 其間僧徒綱軌出納之

儀. 具如中方錄及寄歸傳所述. 寺內但以最老上座而為尊主. 不論其德. 諸有門鑰每宵封印. 將付上座. 更無別置寺主維那. 但造寺之人名為寺主. 梵云毘訶羅莎弭. 若作番直典掌寺門及和僧白事者. 名毘訶羅波羅. 譯為護寺. 若鳴健稚及監食者. 名為羯磨陀那. 譯為授事. 言維那者略也. 眾僧有事集眾平章令其護寺. 巡行告白一一人前. 皆須合掌各伸其事. 若一人不許則事不得成. 全無眾前打槌秉白之法. 若見不許以理喻之. 未有挾強便加壓伏. 其守庫當莊之流. 雖三二人亦遣典庫家人合掌為白. 若和方可費用誠無獨任之咎不白而獨用者. 下至半升之粟. 即交被驅擯. 若一人稱豪獨用僧物處斷綱務不白大眾者. 名為俱[攞]缽底. 譯為家主. 斯乃佛法之大疣人神所共怨. 雖復於寺有益. 而終獲罪彌深. 智者必不為也. 又諸外道先有九十六部. 今但十餘. 若有齋會聚集. 各各自居一處. 並與僧尼無競先後. 既其法別理不同行. 各習所宗坐無交雜. 此之寺制理極嚴峻. 每半月令典事佐史巡房讀制. 眾僧名字不貫王籍. 其有犯者眾自治罰. 此僧徒咸相敬懼. 其寺受用雖迮而益利彌寬. 曾憶在京見人畫出祇洹寺樣. 咸是憑虛. 為廣異聞略陳梗概云爾. 又五天之地但是大寺. 君王悉皆令置漏水. 為此晝夜. 期候不難. 准如律教. 夜分三分. 初後制令禪誦. 中間隨意消息. 其漏水法廣如寄歸傳中所述. 雖復言陳寺樣. 終恐在事還迷為此畫出其圖. 冀令目擊無滯. 如能奏請依樣造之. 即王舍支那理成無別耳.

此下宜畫寺樣也. 此是室利那爛陀莫訶毘訶羅樣唐譯云吉祥神龍大住處也. 西國凡喚君王及大官屬并大寺舍. 皆先云室利. 意取吉祥尊貴之義那爛陀乃是龍名. 近此有龍名那伽爛陀. 故以為號. 毘訶羅是住處義. 比云寺者不是正翻. 如觀一寺餘七同然背上平直通人還往. 凡觀寺樣者須南面看之. 欲使西出其門方得直勢. 於門南畔可二十步有窣堵波. 高百尺許. 是世尊昔日夏三月安居處. 梵名慕[攞]健陀俱胝. 唐云根本香殿矣. 門北畔五十步許. 復有大窣堵波. 更高

於此. 是幼日王所造. 皆並塼作. 裝飾精妙. 金床寶地. 供養希有. 中有如來轉法輪像. 次此西南有小制底. 高一丈餘. 是婆羅門執雀請問處. 唐云雀離浮圖. 此即是也. 根本殿西有佛齒木樹非是楊柳. 其次西畔有戒壇. 方可大尺一丈餘. 即於平地周壘塼牆子. 高二尺許. 牆內坐基可高五寸. 中有小制底. 壇東殿角有佛經行之基. 壘塼為之. 寬可二肘. 長十四五肘. 高可二肘餘. 上乃石灰塑作蓮華開勢. 高可二寸. 闊一尺許. 有十四五表佛足跡. 此寺則南望王城. 纔三十里. 鷲峰竹苑皆在城傍. 西南向大覺. 正南尊足山. 並可七驛. 北向薛舍離. 乃二十五驛. 西瞻鹿苑. 二十餘驛東. 向耽摩立底國. 有六七十驛. 即是海口昇舶歸唐之處. 此寺內僧眾有三千五百人. 屬寺村莊二百一所. 並是積代君王給其人戶永充供養(言驛者即當一踰繕那也)重曰.

龍池龜洛地隔天津. 途遙去馬道絕來人. 致令傳說罕得其真. 模形別匠軌製殊陳依俙. 畫古彷彿驚新. 庶觀者之虔想. 若佛在而翹神.

大唐西域求法高僧傳卷上

大唐西域求法高僧傳 卷下

僧哲禪師者. 澧州人也. 幼敦高節早託玄門. 而解悟之機. 實有灌瓶之妙. 談論之銳. 固當重席之美. 沈深律苑控總禪畦. 中百兩門久提綱目. 莊劉二籍亟盡樞關. 思慕聖蹤泛舶西域. 既至西土適化隨緣. 巡禮略周歸東印度到三摩呾吒國. 國王名曷羅社跋乇. 其王既深敬三寶為大鄔波索迦. 深誠徹信光絕前後. 每於日日造拓模泥像十萬軀. 讀大般若十萬頌. 用鮮華十萬尋親自供養所呈薦設積與人齊. 整駕將行觀音先發. 旛旗鼓樂漲日彌空. 佛像僧徒並居前引. 王乃後從. 於王城內僧尼有四千許人. 皆受王供養. 每於晨朝令使入寺合掌房前急行疾問. 大王奉問法師等宿夜得安和不. 僧答曰. 願大王無病長壽國祚安寧. 使返報已方論國事. 五天所有聰明大德廣慧才人博學十八部輕通解五明大論者. 並集茲國矣.

良以其王仁聲普洎駿骨遐收之所致也. 其僧哲住此王寺. 尤蒙別禮. 存情梵本頗有日新矣. 來時不與相見. 承聞尚在年可四十許. 僧哲弟子玄遊者. 高麗國人也. 隨師於師子國出家. 因住彼矣. 右五十人.

又重歸南海傳有師資四人 苾芻貞固律師者

梵名娑羅笈多(譯為貞固)即鄭地滎川人也. 俗姓孟. 粤以驅烏之歲. 早蘊慈門. 總角之秋. 棲心慧苑. 年甫十四遂丁荼蓼. 眷流俗之難保. 知法門之可尚. 爰興正念企步勝場. 遂於汜水等慈寺遠法師處. 侍席之業. 意存教綱便誦大經. 經三兩歲師遂淪化. 後往相州林慮諸寺尋師訪道. 欲致想禪扃. 自念教檢未窺難辯真偽. 即往東魏聽覽唯識. 復往安州大猷禪師處習學方等. 數旬未隔即妙相現前. 復往荊州歷諸山寺. 善知識希覓未聞. 復往襄州遇善導禪師受彌陀勝行. 當爾之時. 交望棄索訶之穢土. 即欲趣安養之芳林. 覆思獨善傷大士行. 唯識所變何非淨方. 遂往峴山恢覺寺澄禪師處. 創蒙半字之訓漸通完器之言. 禪師則沈研律典. 荷世尊五德之重寄. [轥]轢經論. 當末代四依之住持. 定瀲波深. 濯八解而流派. 慧峰岳峻. 聳六度而疏巖. 五塵無雜. 九惱非驚. 外跨四流內澄三定. 法俗欽望推為導首. 特蒙綸旨召入神都. 在魏國東寺. 居多聞之數. 固師年餘二十. 即於禪師足下而進圓具. 纔經一載總涉律綱. 覆向安州秀律師處三載. 端心讀宣律師文抄. 可謂問絕鄔波離. 五篇之表裏. 受諧毘舍女. 洞七聚之幽關. 律云. 五歲得遊方. 未至歲而早契. 十年離依止. 不屆年而預合. 其秀律師即蜀郡興律師之上足. 既進圓具仍居蜀川. 於和尚處學律四載. 後往長安宣律師處. 為依止之客. 投心乳器. 若飲鵝之善識精麤. 竭智水瓶. 等歡喜之妙持先後經十六年不離函丈. 研窮諸部淘鍊

數家. 將首律師疏以為宗本. 然後去三陽之八水. 復向黃州報所生地. 次往安州大興律教. 諸王刺史咸共遵承. 故律云若有律師處與我身不殊. 居十力寺. 年七十餘. 方始寂化. 戒行清素耳目詳知. 嗟乎代有其人棟梁佛日. 蟬聯靡絕繼踵相承. 實謂漢珠荊玉. 雖別川而俱媚. 桂枝蘭葉. 縱異節而同芳. 固師既得律典斯通. 更披經論. 又復誦法華維摩向一千遍. 心心常續念念恒持. 三業相驅四儀無廢. 覆往襄州在和上處. 重聽蘇呾羅披尋對法藏. 頗通蘊處薄撿衣珠. 化城是息終期寶渚. 遂乃濯足襄水顧步廬山. 仰上德之清塵. 住東林而散志. 有意欲向師子洲頂禮佛牙觀諸聖跡. 以垂拱之歲移錫桂林適化遊方. 漸之清遠峽谷. 同緣赴感. 後屆番禺廣府. 法徒請開律典. 時屬大唐聖主天下普置三師. 欲令佛日再明法舟長汎. 既而威儀者律也. 固亦眾所欽情. 三藏道場講毘柰耶教. 經乎九夏. 爰竟七篇. 善教法徒汎誘時俗. 于時制旨寺恭闍梨. 每於講席親自提獎. 可謂恂恂善誘弘濟忘倦. 闍梨則童真出家高行貞節. 年餘七十. 而恒敬五篇. 有福之人可逢上智. 實乃禪池淼漫引法海而通波. 思嶺崔嵬聳慧嶽而騰峭. 深明幻本巧悟心源. 雖閑諸法體空. 而利物之用盛集構有為之福業. 作無上之津梁. 而屢寫藏經常營眾食. 實亦眾所知識應物感生. 勸悟諸人共敦律教. 固師既法侶言散還向峽山. 冀託松林之下. 用畢幽棲之志. 蒙謙寺主等特見賓迎寺主. 乃道冠生知體含仁恕. 供承四海靡倦三朝. 屈己申他卑辭是務. 固師意欲息想山門. 有懷營構傾廊通直道脫階正邪基. 曲製山池. 希流八解之清潤. 傍開壇界. 冀闡七聚之芳規. 復欲於戒壇後面造一禪龕立方等道場修法華三昧. 功雖未就而情已決然. 布薩軌儀已紹綱目. 又每歎曰.

前不遭釋父. 後未遇慈尊. 末代時中如何起行. 既沈吟於空有之際. 復躑躅於多師之門矣. 淨於佛逝江口升舶附書憑信廣州. 見求墨紙抄寫梵經. 并雇手直. 于時商人風便舉帆高張. 遂被載來求住無路. 是知業能裝飾非人所圖. 遂以永昌元年七月二十日達于廣府. 與

諸法俗重得相見. 于時在制旨寺處眾嗟曰. 本行西國有望流通. 迴住海南經本尚闕. 所將三藏五十餘萬頌. 並在佛逝終須覆往. 既而年餘五十. 重越滄波. 駟不留身城難保. 朝露溘至何所囑焉. 經典既是要門. 誰能共往收取. 隨譯隨受須得其人. 眾僉告曰. 去斯不遠有僧貞固. 久探律教早蘊精誠. 儻得其人斯為善伴. 亦既纔聞此告彷彿雅合求心. 於是裁封山扃薄陳行李. 固乃啟封暫觀. 即有同行之念. 譬乎聊城一發下三將之雄心. 雪山小偈牽大隱之深志. 遂乃喜辭幽澗歡去松林. 攘臂石門之前. 褰衣制旨之內. 始傾一蓋合襟情於撫塵. 既投五體. 契虛懷於曩日. 雖則平生未面而實冥符宿心. 共在良宵頗論行事. 固乃答曰. 道欲合不介而自親. 時將至求抑而不可. 謹即共弘三藏助燭千燈者歟. 於是重往峽山. 與謙寺主等言別. 寺主乃照機而作. 曾不留連. 見述所懷咸助隨喜. 己闕無念他濟是心. 並為資裝令無少乏. 及廣府法俗悉贈資糧. 即以其年十一月一日附商舶去番禺. 望占波而陵帆. 指佛逝以長驅. 作含生之梯橙. 為欲海之舟艫. 慶有懷於從志. 庶無廢於長途. 固師年四十矣. 讚曰.

智者植業. 稟自先因. 童年潔想. 唯福是親. 情求勝己. 意仗明仁. 非馨香於事利. 固寶愛於賢珍(其一)受持妙典. 貞明固意. 大善敦心. 小瑕興畏. 有懷脫屣. 無望榮貴. 若住[犛]之毛尾弗虧. 等遊蜂之色香靡費(其二)孤辭榮澤. 隻步漢陰哲人務本. 律教是尋. 既知網領. 更進幽深. 致遠懷於覺樹. 遂仗藜於桂林(其三)怡神峽谷. 匠物廣川. 既而追舊聞於東夏. 復欲請新教以南遄. 希揚布於未布. 冀流傳於未傳. 慶斯人之壯志. 能為物而身捐(其四)為我良伴. 其屆金洲. 能堅梵行. 善友之由. 船車遞濟. 手足相求. 儻得契傳燈之一望. 亦是不慚生於百秋(其五)既至佛逝宿心是契. 得聽未聞之法. 還觀不睹之例. 隨譯隨受. 詳檢通滯. 新見新知. 巧明開制. 博識多智. 每勵朝聞之心. 恭儉勤懷. 無憂夕死之計. 恐眾多而事撓. 且逐靜而兼濟. 縱一焰之隨風. 庶十登而罔翳(其六).

(…중략…)

其僧貞固等四人. 既而附舶俱至佛逝.

學經三載梵漢漸通. 法朗須往訶陵國. 在彼經夏遇疾而卒. 懷業戀居佛逝不返番禺. 唯有貞固道宏相隨. 俱還廣府. 各並淹留且住更待後追. 貞固遂於三藏道場敷揚律教. 未終三載染患身亡. 道宏獨在嶺南. 爾來迴絕消息. 雖每顧問音信不通. 嗟乎四子俱汎滄波. 竭力盡誠思然法炬. 誰知業有長短各阻去留. 每一念來傷歎無及. 是知麟喻難就危命易虧. 所有福田共相資濟. 龍華初會俱出塵勞耳.

大唐西域求法高僧傳卷下

부 록

부록: 대실크로드의 주요 루트와 파미르고원을 넘는 갈래길

1. 초원로(Steppe Road)
2. 하서주랑로(河西走廊路)
3. 천산북로(天山北路)
4~5. 천산남로(天山南路)=서역북로(西域北路)
6. 서역남로(西域南路)
7. 토욕혼로(吐浴渾路)
8. 토번로(吐蕃路/ 唐蕃古道)
9. 파미르횡단로(Pamir橫斷路)
10. 서남아로(西南亞路/ 中東路)
11. 해양로(海洋路)

부 록

대실크로드의 주요 루트와 파미르고원을 넘는 갈래길

국내외적으로 '실크로드학'이 뿌리를 내린 현 시점에서도, 실크로드, 특히 그 인후(咽喉)에 해당되는 파미르고원이나 천산산맥에 대한 고급 여행정보는 별로 보이지 않고 있다. 그 동안 수많은 이들의 노력에 의해서 '초원로'·'오아시스로'·'해양로' 등이 이설이 없을 정도로 명확한 루트가 정해진 것과 비교하면 더욱 그러하다.

그 이유를 꼽자면, 우선 파미르와 천산에 관한 역사적 자료들이 너무 단편적이고 또한 빈곤한 탓도 있었지만, 그보다도 파미르고원의 범위가 현재도 중국·키르기스스탄·타지키스탄·아프가니스탄·파키스탄·인도에 걸쳐 있고, 또한 위의 여러 나라들의 이해관계로 말미암아 근대에 들어와서는 국경선이 거의 폐쇄되었기에 그 동안 관심 있는 학자들이나 여행자들의 출입이 거의 불가능하였던 탓도 있을 것이다.

그러다가 중앙아시아 독립연합들(CIS)과 붉은 중국이 차례로 문호를 개방하고 2003년에는 최후의 마지노선이었던, 파미르고원의 외통수 길에 해당되는 '와칸주랑(Wakhan走廊)'을 점령하고 있는 아프가니스탄이 열림으로써 점차로 분위기는 무르익고 있지만, 그래도 아직도 파미르의 정보는 답보 상태에 있는 것이 사실이다.

물론 옮긴이도 그간 오래전부터 자료를 모아가면서 다양한 루트를 정리하면서 정밀하고 다양한 지도를 그려볼 계획을 하였지만, 그 작업은 정말 한 개인이 하기에는 난공사였던지라, 그 동안 끝을 맺지 못하고 있다가 이번 〈실크로드 고전여행기〉 총서의 발간을 기하여 다시 박차를 가하여 마침내 회향을 보게 되어 간략한 개요와 함께 〈실크로드 갈래길 총도〉와 〈파미르고원 횡단도〉를 강호제현들에게 공개하게 되어 어깨가 한 결 가벼워지게 되었다.

[일러두기]

구분을 쉽게 하기 위한 편의상 여기 설명문에서의 '루트' 또는 '로(路)'는 중요한 간선을, '길' 또는 '갈래길'은 분파된 작은 지선을 의미하며 코스별 번호는 지도상에서 북쪽에서 남쪽으로, 동쪽에서 서쪽 순으로 매겼으니 지도를 보면서 루트별로 따라가면 그 거대한 실크로드와 파미르고원도 한 눈에 들어올 것이라 여겨진다. 또한 본 지도들은 주로 문화와 종교에 관계된 역사적 인물의 흔적에 중점을 두어 그린 개념도이기에 실제 지리학적 정보와는 일치하지 않을 수도 있음을 밝혀둔다.

1. 초원로(Steppe Road)

문명교류의 초고대 '소통로'의 하나로 유라시아 북방 초원지대를 동서로 횡단하는 장대한 길을 말한다. 한나라에 의한 '오아시스루트'가 개척되기 이전인 B.C. 7세기경부터 스키타이문화를 비롯하여 B.C. 3~4세기의 채도문화가 이 길을 따라 전파되었으며 흉노족과 몽골족 같은 전형적인 유목민족이 말 달리던 루트로도 이용되었다. 또한 우리 한민족의 원조상들이 먼 파미르고원에서 동쪽으로 동쪽으로 이동하여 한반도에 이르렀다는 내용의 한 '가설'의 실제 경로로 비정되고 있는 길이기도 하다.

그 주요 경로는 압록강 연안에서부터 시작하여 만주–몽골–준가리아 분지–알타이산맥–아랄해 연안–카스피해 연안–남러시아–흑해 동북안–발트해 남안과 헝가리 분지에 이른다.

2. 하서주랑로(河西走廊路)

한나라의 정략적인 서역경영으로 '초원로'에 뒤를 이어 '오아시스로'가 개척되면서 새로운 소통로가 만들어지기 시작하였으나 파미르고원이 장애가 되어 활성화를 하지 못하고 있다가 한무제(漢武帝) 때에 이르러 장건(張騫, ?~B.C. 114)이 파미르고원을 지나 대월지에 이르는 길을 개척함으로써 비로소 완전한 오아시스 길이 열리게 되었다.

'하서주랑'이란 중국 대륙의 출발점인 장안성에서 현 타림분지에 이르는 중간 통로로 그 동쪽은 오초령(烏鞘嶺)에서 서쪽은 옥문관(玉門關) 사이의 남산(南山: 祁連山, 阿爾金山)과 북산(北山: 馬鬃山, 合黎山) 및 용수산(龍首山) 사이의 길이 약 900여km 이르는, 서북–동남 방향으로 늘어선 좁고 긴 평지로, 복도 모양과 같고 또한 황하의 서쪽에 있다 하여 불리는 이름이다.

***그 경유지는 란저우[蘭州]를 지나서 차례로 하서사군(河西四郡) – 우위에(武威/ 凉州), 장예(張掖/ 甘州), 지추엔(酒泉/ 肅州), 안시(安西/ 瓜州) – 을 대략 5일

간격으로 주파하여 한 달 만에 둔황(敦煌/ 沙州)에 도착하여 본격적으로 사막으로 나아가는 일정이다.

3. 천산북로(天山北路)

(3-1) 아라산(阿拉山) 고개길

서역북로를 따라 투루판[吐魯番]에서 신장위구르의 행정중심지인 우룸치[烏魯木齊] → [국제기차] → 아라산[阿拉山]고개 → 카자흐스탄 수도 알마티(Almai) → 우즈베키스탄(Uzbekistan)의 수도 타슈켄트(Tashkent) → 사마르칸트(Samarqand) → 아프가니스탄(Afganistan)의 발흐(Balkh) → 카불(Kabul)로 이어지는 새로운 '철(鐵)의 실크로드'의 대표적인 루트의 하나이다.

(3-2) 코르고스(霍尔果斯) 고개길

우룸치 → 쿠이둔[奎吨] → 이닝[伊寧] → [국제버스] → 코르고스(Khorgos Pass) → 카자흐스탄의 알마티로 가서 위의 길과 같은 궤적을 쫓아가는 루트이다.

***위의 통로는 외국 관광객에게 열려진 루트로 일반적으로 이용되고 있다.

(3-3) 베델(別達) 고개길: 일명 현장법사(玄奬法師)길

전통적인 서역북로를 따라 내려오다가 종착지인 카슈가르 도착 직전 아커스[阿克蘇]에서 노선을 변경하여 신장의 베델(別達) 마을

→ 보그콜도이산맥의 베델고개(4,284m) → 키르기스스탄의 베델(Bedel) 마을 → 카라세이(kara-say) → 바르스쿤(Barskoon) → 이시쿨호수의 서쪽 발리크치(Balikchi)를 우회하여 → 키르기스스탄의 비슈케크 → 우즈베크의 타슈켄트 등의 전통적인 천산북로의 오아시스 도시를 따라 인도로 들어가는 루트이다.

***현장이 순례 초기에 고창국(高昌國)에 머무르고 있을 때, 국왕으로부터 천축행로의 편의를 약속 받고, 당시 돌궐의 대칸(大汗)이 머물고 있었던 소엽성(素葉城), 즉 비슈케크 인근의 토크마크(Tokmak)로 행로를 변경하여야만 했기 때문이었다고 『삼장법사전』은 전해주고 있다. 말하자면 현장은 구법승들 중에서는 그 누구도 시도하지 않은 색다른 천산남, 북로를 넘나드는 길을 개척한 셈이다.

(3-4) 토루가르트(吐爾葛特) 고개길

'현장로'를 대신하여 현대에 활성화된 루트로 카슈가르에서 곧장 북쪽의 토르가르트(Torugart, 3,630m)고개를 넘어 키르기스스탄의 나린(Narin) → 이시쿨(Isik-kol)호수 서쪽의 발리크치(Balikchi) → 토크마크(Tokmak) → 비쉬케크(Bishkek) → 우즈베키스탄의 타슈켄트 → 사마르칸트 → 철문(鐵門) → 테르메스(Termes) → 아프간의 발흐(Balkh)로 나가 동·서양으로 갈라지는 루트이다.

***이 길은 현재(2012년 6월) 중국과 키르기스스탄의 국경무역이 활발한 곳으로 외국관광객들에게도 국제버스 또는 여행사를 통한 대절차에 한해 열려 있기는 하지만, 오쉬(Osh)행에 비해 상황변동이 심하니 카슈가르 도착 전에 미리 확인해볼 필요가 있다.

(3-5) 이르케쉬탐 고개길(Irkeshitam Pwy)

서역북로 서쪽 끝자락인 카슈가르에서 서행하여 울루그차트(Ulugchat)를 지나서 이르케쉬탐고개를 넘어 키르기스스탄의 사리타쉬(Sari Tash)라는 마을에서 사방으로 갈라진다.

첫 번째로는 북쪽으로 키르기스스탄의 오쉬(Osh) 쪽으로 올라가 훼르가나(Fergana) 계곡을 따라 소그드(Sogd) 지방의 중심지인 사마르칸트로 나아가거나 두 번째로는 사리타쉬에서 바로 서행하여 타지키스탄의 수도인 두산베(Dushanbe)를 거처 우즈베크의 테르메즈(Termez)로 가서 아무다리야강을 건너 아프간의 발흐로 나가 파키스탄, 인도 또는 중동으로 향하거나 세 번째 방법으로는 이른바 '파미르하이웨이'를 타고 남쪽으로 내려가 타지키스탄의 고르노바닥샨주(GBAO)로 내려가 다시 두산베로 이어지는 루트로 중간 지점인 타지키스탄령 이스카심(Iskashim)에서 아프간 령 와칸주랑을 마주 바라볼 수 있다.

***이 길은 현재(2012년 6월) 역시 중국과 키르기스스탄이나 타지키스탄으로의 국경무역이 활발한 곳으로 동절기만 제외하고는 외국관광객들에게도 열려진 국경이고 국제버스도 이용할 수 있다. 단 두 번째 도산베로의 직행길은 외국인에게 열려 있지 않다.

(3-6) 파미르 하이웨이(Pamir Hwy: 일명 M41번 도로)

역시 카슈가르에서 위의 루트들을 이용하여 키르기스스탄으로 들어간 뒤 오쉬를 기점으로 일명 '파미르하이웨이'를 타고 남서행하여 아래 목록의 〈9번 파미르횡단루트〉와 만나 아무다리야강의 발원천이자 파미르천과 와칸천이 합류하는 판지강을 따라 타지키스탄의 수도 두산베(Dushanbe)까지 이어지는 산악루트로 오쉬 → 사리타쉬(Saritash) → 무르갑(Murgab) → 알리초르(Alichor) → 이스카심(Iskashim)에서 서행하여 아프간의 바닥샨주(州)의 중심지 화이자바드(Fayzabad) → 쿤두즈 → 발흐로 나아가거나 또는 이스카심에서 판지강을 따라 북행하여 호록(Khorg) → 두산베로 이어진다.

***이 길은 최근 타지키스탄 영사관에서 비자와 함께 받을 수 있는 <파미르여행허가증(P. Permit: GBAO)>을 받은 외국관광객에게 열려진 루트로 현장법사와 우리의 혜초사문 등의 체취가 묻어 있는, 유서 깊은 와칸주랑의 일부가 겹쳐져 있어 의미가 깊은 루트이다.

4~5. 천산남로(天山南路)=서역북로(西域北路)

'천산남로'는 일명 '서역북로'라고 다르게 부르는데, 이 길은 크게는 〈오아시스 루트(Oasis R.)〉라고 부르는 양대 통로의 하나로 천산산맥의 남쪽과 타클라마칸사막의 북쪽 사이의 오아시스를 연결하며 카슈가르에 이르러 여러 갈래로 갈라져 천산산맥 또는 파미르고원을 넘나들게 된다.

역사적으로는 B.C. 2세기 이전에는 둔황 교외의 옥문관(玉門關) 또는 양관(陽關)을 지나 누란(樓蘭/ 鄯善)에서 '서역남·북로'가 갈라졌으나, 그 이후에는 둔황에서 옥문관을 나와서 하미[哈密]를 경유하여 이르는 서역북로가 개척됨으로써 현재에 이르기까지 실크로드의 주된 동맥역할을 하였다.

***장안성을 출발한 대상들이나 순례승들은 하서주랑을 통과하여 둔황에 도착한 다음 다시 낙타대열을 정비하여 → 하미(Hami/ 哈密/ 伊吾) → 투루판(Turfan/ 吐魯番/ 高昌) → 옌치(Karashar/ 焉耆/ 阿耆尼國) → 쿠차(Kucha/ 庫車/ 龜茲

/ 屈支) → 아커수(Aksu/ 阿克蘇/ 跋祿迦) → 카슈가르(Kashgar/ 喀什/ 疎勒/ 佉沙)에 도착하여 다시 아래와 같은 여러 경로를 통해 파미르고원을 넘게 된다.

6. 서역남로(西域南路)

둔황의 양관을 나와 타클라마칸사막 남쪽과 곤륜(崑崙)산맥 사이의 오아시스 도시들을 연결하는 길을 따라 카슈가르로 가는 남쪽 루트를 말한다. 그러나 5세기 법현과 6세기 송운, 혜생과 7세기 현장 등의 구법승들이 지나간 후 점차로 그 기능을 상실하였다. 그 이유로는 기원전부터 둔황에서 호탄까지의 길을 연결해주었던 중요한 요지였던, 고대의 전설적인 왕국인 누란(樓蘭)이 5세기 청해 지방에서 강대해진 티베트계 토욕혼(吐谷渾)에게 멸망하면서 그 중간거점을 잃은 '남로'도 따라서 쇠락을 길을 걷게 되어 그 역할을 '북로'에게 내어주고 역사 속으로 사라져버렸다.

그래서 현재는 서역남로의 최대 도시인 호탄으로 가는 방법은 먼 길을 우회하여 북로의 쿠알러[庫而勒] 또는 룬타이[輪台]에서 루어창[若羌]으로 연결되는 새로 만들어진 횡단로를 이용해야 하는 상황으로 변하였다.

***둔황 → 샨샨(Shanshan/ 鄯善/ 樓蘭) → 루어창[若羌] → 체모(Cherchen/ 且末) → 니야(Niya/ 尼壤) → 호탄(Khotan/ 和田/ 于闐/ 瞿薩旦那) → 카르갈리크(哈爾碣里克/ Karghalik/ 葉城/ 斫句迦國) → 사쳐(Yaekand/ 沙車) → 타쉬쿠르간(Tashkurghan/ 塔什庫爾干/ 漢盤陀國) → 카슈가르(Kashgar/ 喀什/ 疎勒/ 佉沙)

7. 토욕혼로(吐浴渾路)

하서주랑을 빠져나와 청해호(靑海湖)를 남쪽으로 돌아 적령(赤嶺: 日月山)을 넘어 차이담[紫達木]분지를 가로질러 알틴타그아타산맥의 지류인 당금산(當金山)고개를 넘어 둔황과 서역남로로 이어지는 루트를 말한다.

이 길이 열렸던 당시가 티베트계인 토욕혼국(吐浴渾國)의 영내인 차이담분지를 통과하기에 붙여진 이름으로 8~9세기 한때 토번(吐蕃)제국이 당시 사주(沙州)로 부르던 현 둔황을 반세기 동안 다스릴 때 무적의 토번기마병들이 말 달리던 군용도로이기도 하다. 전통적인 실크로드 루트가 아닌 사이길로 당 태종의 문성(文成) 공주가 티베트로 시집가던 이른바 '당번고도'와 전반부 루트가 겹쳐진다.

***청해성의 시닝[西寧]이나 걸무[格爾木]에서 둔황으로 가는 버스가 있기는 하지만, 고생길은 감수해야 한다.

8. 토번로(吐蕃路/ 唐蕃古道)

토번의 땅, 티베트 고원을 경유하여 바로 히말라야를 넘어 인도로 가는 '루트'를 말하는데, 이른바 당 태종의 문성(文成) 공주가 티베트로 시집가던 '당번고도'와 '라싸'까지의 행로가 겹쳐진다. 기존의 천축행로가 파미르를 넘는 '우회로'라면 티베트를 경유하는 길은 '직행로'였다. 당시 토번 왕조에는 송첸감포(617~650)라는 불세출의 영웅이 출현하여 세력을 전 중앙아시아에 과시하던 때로 네팔 공주와 문성 공주의 영향으로 그 이전에는 없었던 중원-티베트-네팔-중천축의 불교전파로가 잠시 열리게 되었다. 이 시기는 현장의 귀국 직전부터 [즉 현장의 순례기간 629~645의 17년간] 열렸다가 혜초의 순례길 전에 다시 닫혔다.

***이런 지정학적 배경으로 신라승인 혜륜(慧輪)·현락(玄烙)·혜업(慧業)·현태(玄太)가 당 태종의 칙명에 의해 천축으로 떠나는 장안 대흥선사의 현조(玄照)법사를 수행하여 인도를 들락거렸다고 기록들은 전하고 있다.

***티베트의 국경도시 잠무(Zammu/ 章木)와 네팔의 코다리(Kodari)를 잇는 루트는 현재(2012년 6월) 중국과 네팔 간에 국경무역이 활발한 곳으로 외국관광객들에게 제한적으로 열려진 국경이다.

9. 파미르횡단로(Pamir橫斷路)

(9-1) 사리쿨 고개길(Sari-kul Pwy)

서역남·북로가 합쳐지는 카슈가르에서 남쪽으로 내려오다가 옛 총령진이라고 불렸던, 현재 중국 국경도시인 타쉬쿠르간(Tashkurghan/塔什庫爾干) 못 미친 곳에 자리 잡은 카라쿨(Kara-kul)호수와 무즈타그아타산(Muztag Aata, 7,746m) 근처에서 서쪽으로 맞은편에 길게 뻗어 있는 사리쿨산맥의 쿨마고개(Kulma Pass, 4,363m)를 넘는 루트를 말한다.

그 다음 전통적인 천산북로상의 실크로드의 요충지인 키르기스스탄의 오쉬(Osh)에서 내려오는 옛 대상로(현 파미르하이웨이/ Pamir Hwy)의 마을들인 무르갑(Murghab) → 나이자타쉬고개(Nizatash pass, 4,137m) → 바쉬굼바즈(Bash Gumbaz) → 알리츄르(Alichur) → 제란디(Jelandy)로 내려와 야실쿨호수(Yasil-kul)에서 발원하여 서행하여 판지강과 합류하는 군트(Gunt)강을 따라 서행하여 타지키스탄 고르노 바닥샨(Gorno Badakhshan)주의 슈그난(Shugnan) 지방의 중심 도시인 호로그(Khorog)에서 판지강(Ab-i-Panj/ 噴赤河)을 건너 현 아프간 바닥샨(Badakhshan)주의 정부청사가 있는 화이자바드(Faizabad)에서, 소그드(Sogd)에서 아무다리야강을 건너서 내려오는 길과 만나는 십자로인 쿤두즈(Kunduz)로 나가서 다시 동·서양으로 갈라지는 루트를 가리킨다.

***이 길은 지금도 마찬가지이지만 순례로보다는 대상로로 주로 사용되었고 현재 외국인에게는 열려 있지 않다.

(9-2) 와칸주랑 북쪽길(Wakhan Corridor north way)

타쉬쿠르간을 지나 현 아프가니스탄에 있는 와칸 계곡의 입구인 사리쿨 계곡 서쪽의 사리코람고개(Sarikoram pass, 5,558m)를 넘어 퀴질라바드(Qizilrabad) → 자티굼바즈(Jarty Gumbaz) 마을을 지나서, 서양에서는 빅토리아(Victoria Lake)호수라 불리는, 조로쿨(Zorokul Lake/ 大龍池/ 鵝湖)호수를 따라 돌아서 이 호수에서 새로 발원하는 파미르천의 북안 길을 따라 대(大)파미르고원을 지나 서남쪽으로 내려가면서 카르구쉬(Kargush) → 랑가르(Langar) → 종(Zong) → 이스카심(Iskashim/伊什卡辛)에서 '와칸남로'와 합류하여, 위의 사리쿨 루트와 같은 궤도를 거치며 바닥샨주로 내려가 화이자바드로 나간다.

***현장법사와 혜초사문이 당나라로 돌아올 때 경유한 루트에 해당되며 일반적으로 많이 이용된 남쪽 길의 상황변화에 따른 우회로에 해당된다.

(9-3) 와칸주랑 남쪽길(Wakhan Corridor south way)

타쉬쿠르간에서 카라코람 하이웨이(KKH)를 따라 남쪽으로 조금 더 내려오다가 서쪽으로 타쉬쿠르간 하천을 거슬러 올라가 밍타카(Mingtaka/ 明鐵蓋) 마을을 지나 와크지르(Wakhjir)고개를 넘어 소(小)파미르고원에 올라서서는 와크지르천과 와칸천을 따라 서행하여 바로길(Barogil) 마을을 지나서, 다시 동북쪽에서 흘러오는 파미르하천을 따라 내려오는 하천과 합류하여 이름을 판지강(Ab-i-Panj/ 噴赤河)으로 바꾸는, 강의 남안길을 따라 위의 북로와 나란히 서행하여 콸라판자(Qala Panja/ 喀剌噴札) → 칸두드(Khandud/ 昏馱多城) → 아프간 측의 이스카셈(Iskashem/ 伊什卡辛)을 지나는 위의 북로의 루트들과 같은 궤적을 그리며 화이자바드(Fayzabad) → 쿤두즈(Kunduz)로 나가 동서양으로 갈라진다.

***이 루트는 파미르를 넘는 직통로이기에 옛부터 일반 대상들이 즐겨 이용하였고 5세기 법현(法顯)을 시작으로 순례 길로 주로 이용되었던 루트이지만, 현재는 아프간과 중국의 관계악화로 인해 통행이 금지된 고갯길이다.

(9-4) 다르코트 고개길(Darkot Pwy/ 高仙芝路)

위의 남로의 바로길 마을에서 남으로 힌두쿠시 산맥의 바로길 고개(Barogil, 3,882m)와 다르코트고개(坦駒嶺, 4,703m)를 넘어 다르코트 마을과 구피스(Gupis)를 지나서 둘로 갈라져, 한 길은 스와트(Swat) 계곡으로 내려가 파키스탄의 밍고라(Mingaora) → 페샤와르(Peshawar) → 카이버(Kiber)고개 넘어 아프간으로 가거나, 혹은 인더스 계곡의 카라코람 하이웨이(KKH) 길깃트(Gilgit)를 거쳐 현 파키스탄의 수도 이슬람아바드(Islamabad) 또는 페샤와르에서 역시 동·

서양으로 갈라지는 길이다.

***북위(北魏)의 송운(宋雲)·혜생(惠生) 등이 이용하였고 또한 일부는 747년 고선지장군이 소발률(小勃律/ Gilgit)을 점령할 때의 2차 원정로에 해당되기도 한다.

(9-5) 쿤제랍 고개길(Khunjerab Pwy)

타쉬쿠르간에서 위의 와칸로 입구를 지나 조금 더 남쪽으로 내려와 쿤제랍고개(Khunjerab Pass, 4,655m, 紅其拉甫 山口)를 넘어서 '카라코람 하이웨이(KKH)'를 따라 인더스 계곡의 국경 마을인 소스트(Sost) → 훈자(Hunja) 마을로 더 알려진 발팃(Baltit) → 길기트(Gilgit)를 거처 현 파키스탄의 수도인 이슬라마바드 또는 서쪽의 간다라의 중심도시인 페샤와르(Peshawar)로 내려가서 다시 동·서양으로 갈라지는 길이다.

***현재(2012년 6월) 중국과 파키스탄의 국경무역이 활발한 곳으로 결빙기만을 제외하고는 6개의 파미르횡단로 중에서 유일하게 외국관광객들에게 열려진 국경이다.

(9-6) 카라코람 고개길(Karakoram Pwy)

파미르고원 동쪽 끝의 카라코람산맥 카라코람고개(Karakoram Pass/ 磧石嶺, 5,575m)를 넘어 바로 인도 서북부의 카슈미르로 가는 루트로 그 시발점은 서역남로 서쪽 끝에 있는 예칭(葉城/ 哈爾碣里克/ Karghalik)이나 호탄에서 출발하여 현 '신장공로(新藏公路)'를 이용하여 티베트로 넘어가다가 콩쉬와르(Kongshwar)에서 남으로 방향을 틀어 카라코람고개를 넘어 인도 서북부로 들어가 카슈미르주의 주도인 스리나가르(Srinagar) 또는 조지라(Zojila, 3,530m)고개를 넘어 라다크(Ladak)의 레(Leh)로 가는 옛 길이다.

***8세기 '토번로'를 통해 인도를 3차례나 들락거렸던 현조법사의 루트에 해당되지만, 역시 현재 중국과 인도의 국경분쟁으로 통행이 금지된 루트이다.

10. 서남아로(西南亞路/ 中東路)

천산산맥이나 파미르고원을 넘어 중앙아시아에서 서남아시아와 아라비아 반도나 로마로 가는 루트를 총칭한다.

(10-1) 우즈베크의 사마르칸트 → 부하라(Bukhara) → 히바(Kiva) → 투르크메니스탄의 메르브(Merv) → 파르티아(Parthia) → 이란 → 이라크 메소포타미아 지방 → 지중해 연안 → 로마

(10-2) 파키스탄의 페샤와르(Peshawar) → 카이버(Kiber)고개 → 아프간 카불 → 이란 → 이라크-로마

11. 해양로(海洋路)

이른바 '해양실크로드'로 넓게는 동서양을 잇는 다양한 해양로를 모두 가리키지만, 좁게는 중국을 중심으로 한 동아시아에서 인도 지나 반도를 지나 말라카해협을 통과하여 인도 대륙 그리고 다시 인도양을 거처 아라비아 반도나 로마에 이르는 모든 바닷길을 의미한다.

추천의 글

(성함의 가나다순)

初荑 金良植(韓·印文化研究院 代表, 인도박물관장)
김연호(충북문화재단이사)
김풍기(강원대학교 사범대학 국어교육과 교수)
김희준(포항 대동중학교 역사교사, 전국교사불자연합회 문화부장)
朴允煥(변호사, 전 전주지방검찰청 군산지청장)
서용(동덕여대 회화과 교수, 한국돈황학회 회장)
송순현(정신세계원 대표)
옥영경(자유학교 물꼬 교장)
유정길(정토회 에코붓다 전 공동대표, 평화재단 기획위원)
유진규(춘천국제마임축제 예술감독, 마임니스트)
윤창화(불교출판협회 부회장, 민족사 대표)
李光軍(中國 魯迅美術大學 教授, 美術史博士)
이상기(한국외국어대학교 대우교수)
이외수(작가)
李仁秀(대구교육대학교 음악과 교수)
장영기(수원대 환경에너지공학과 교수)
전상국(소설가)
전인평(중앙대 교수, 아시아음악학회 회장)
桐普 鄭大錫(서울대학교 국악과 교수, 거문고 협주곡 <수리재> 작곡가)
정수일(동서문화교류연구소장)
雪山 鐵眼(문경 대승사 선원 수좌)
최돈선(시인)
현각(원주 성불원 회주)
황병기(작곡가, 대한민국예술원 회원)

다정(茶汀)의 만리장성

初美 金良植(韓·印文化硏究院 代表, 인도박물관장)

그는 평소 별로 말이 없다. 그가 절간을 뒤로 하고 인사동으로, 또 한 번 인사동을 뒤로 하고 강원도 홍천강 기슭에 손수 흙벽돌을 빚어 토굴을 짓고 들어앉은 지도 어언 30년이 되어간다. 그 누구보다도 주경야독(晝耕夜讀)을 몸소 실천하며 조용한 가운데서도 본인의 의지를 고집스럽게 키워나갔다.

나와 다정(茶汀)과의 인연은 거의 30여 년에 이른다. 당시에도 그는 소리 없이 그가 걷는 길에 끊임없이 돌을 다듬어 성을 쌓듯이 먹을 갈아 붓을 들고 창작의 세계 속으로 수신(修身)했다.

1981년 초 필자가 인도문화연구원(印度文化硏究院) 설립 당시, 그는 모든 연구모임에 적극적으로 참여하여 연구지에 글도 쓰기도 했다. 특별히 기억되는 것은 「인도의 시성(詩聖) 타고르의 회화」에 대한 해설과 비평을, 인사동 선화랑에서 발행하는 『選美術』(1983년 가을호)에 한국에서는 처음으로 발표하기도 했다.

그때까지도 한국화단의 어느 누구도 인도의 타고르가 많은 그림을 그렸다는 사실을 알지 못했고 다만 동양에서 처음으로 노벨문학상을 탄 인도의 시성(詩聖)으로만 알고 있었기 때문에 다정의 논문은 큰 파문을 일으키기도 했다.

이렇게 그의 시선은 인도의 문명을 거쳐 끝내는 티베트불교문화의 정수를 찾아 그 멀고 먼 티베트고원의 수미산(須彌山)에 이르기까지 고행의 길을 마다하지 않았다. 그가 선택한 행로는 결코 순탄하지 않았다. 오늘 우리 앞에 선보인 이 방대한 고전의 번역서들은 바로 그가 쌓아올린 만리장성(萬里長城)이라 할 수 있지 않을까?

결코 어느 누구도 선뜻 손을 댈 수 있는 작업이 아니기 때문에 더욱 값진 것이어서 필자는 많이 고맙고 감동되는 바가 크다 하겠다.

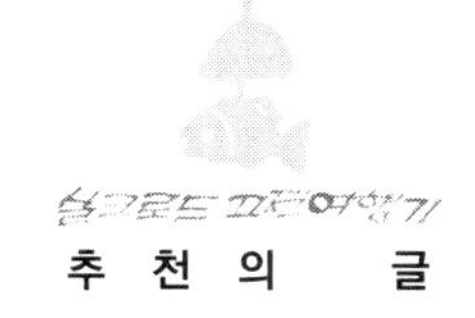

그 오랜 인연의 향훈

김연호(충북문화재단이사)

다정인형(茶汀仁兄)과의 만남은 1974년 가야산 자락 해인사 동구에 봄이라기에는 쌀랑한 기운이 가득 했던 때였습니다. 당시 대학 3학년 시절 대불련(大佛聯)활동을 하던 나는 처음으로 가야산(伽倻山) 해인사(海印寺)를 순례하게 되어 산내암자 원당암(願堂庵)에서 며칠 유하게 되었는데, 그때 승가대학에 재학 중인 가냘픈 체구에 형형한 눈빛만이 빛나던 한 학승을 만나 마음을 열게 되었습니다.

비록 그는 산문을 나와서 긴 만행(萬行) 길에 들어서 40년 동안 우리나라 차문화의 한 획은 그은 다인(茶人)으로, 개성 있는 화가로, 그리고 우리나라 '티베트학'의 주춧돌은 놓은 티베트문화 연구가로 활동을 해 왔지만, 아마도 우리 둘 모두 영혼이란 화두를 항상 놓지 않고 살아왔기에 해인사에서의 지중한 인연은 지금까지 이어져 이제 앞서거니 뒤서거니 하면서 환갑의 문턱을 넘게 되었습니다.

저는 작년 여름, 중국 서역으로 실크로드의 길을 따라가면서 오아시스에 우뚝우뚝한 석굴을 만나게 되었습니다. 그때 부처님을 일념으로 그리면서 찾아들었을 구법승의 모습이 오버랩되었는데, 이상하게도 홀연히 먼 옛날의 기억 속의 한 단아한 학승의 이미지가 겹쳐졌습니다.

한 개인의 원력(願力)으로서는 너무나 힘겨웠을 장대한 역경사업의 회향을 접하고선 아마도 지금의 다정인형(荼汀仁兄)은 당나라 구법승이었던 어느 한 큰 스님의 환생으로 몸을 받고 났기에 나의 실크로드의 길에서 아른거린 게 아니랴 싶어 그 영광이 이미 다 이루어져 보인 듯도 합니다.

추 천 의 글

실크로드학의 새로운 길을 여는 작업을 기리며

김풍기(강원대학교 사범대학 국어교육과 교수)

언어와 언어 사이를 넘어서 새로운 길을 내는 사람을 번역가라고 한다. 우리는 매일 번역을 하면서 살아간다. 다른 사람의 말을 듣고 내 말로 번역을 해서 이해하고, 다른 사물의 언어를 번역해서 내 삶을 꾸린다. 번역이 없다면 우리는 소통부재의 깜깜한 암흑세상을 살아가야 한다. 다른 나라의 말, 혹은 이제는 사라진 옛말을 지금의 언어로 번역하는 일이야 더 말해 무엇하랴.

번역을 해본 사람이라면 이 작업이 얼마나 힘들고 고된 것인지 잘 안다. 다른 시대, 다른 나라의 말을 지금 우리의 언어로 바꾸는 일은 지난(至難)하기 그지없다. 그러나 고생한 만큼 그 공로를 인정해주지 않는 나라로 우리나라만한 곳이 없는 것도 사실이다. 번역이 대우를 받아야 우리의 문화와 사유가 더욱 풍성해진다는 건 누구나 알지만, 그 공로를 진심으로 인정하는 사회적 풍토는 아직 턱없이 부족하다.

실크로드학이 더욱 꽃 피우기 위해서 우리는 기본 자료를 읽어야 한다. 그런데 뜻밖에 기본 자료에 대한 번역이 그리 많지 않다. 이런 때에 김규현 선생님의 번역은 이 분야에 새로운 눈을 트이게 해준다. 사실 이 자료를 단순히 번역하는 것이라면 어렵더라도 마음을 낼 수 있다. 그러나 김규현 선생님의 번역은 그 차원을 넘어선다. 자료에 등장하는 지역을 직접 답사하고, 예전의 지명과 지금의 지명을 대조하여 밝힌다. 말이 쉬워서 답사지, 사비를 털어가며 번역을 위해 이런 일을 한다는 것은 사명감 없이는 될 수 없다.

김규현 선생님의 번역서가 이렇게 빛을 보는 것에 깊은 축하와 감사의 말씀을 드린다. 이렇게 심혈을 기울인 번역서가 또 있을까 싶을 정도로 이 책에 기울인 전문가적 식견과 엄청난 노력을 어찌 말로 표현할 수 있을 것인가. 이 책이 실크로드 연구의 새로운 길을 만들 것이라고 믿어 의심치 않는다.

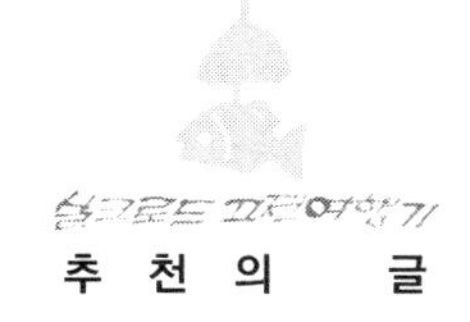

추 천 의 글

거대한 기록을 오늘 한국인의 언어로 풀어낸 힘든 작업

김희준(포항 대동중학교 역사교사, 전국교사불자연합회 문화부장)

어린 날, 어머니가 절에서 법 보시 받아 온 『부모은중경』을 읽으며 눈물을 흘렸다. 그때 이후로 어른이 되면 인도에 가서 부처님을 만나고 싶은 소원을 간직하였다. 교과서에서 처음 만났던 그 이름, 혜초 스님의 『왕오천축국전』과 어린이 잡지의 부록으로 나온 만화로 흥미진진하게 읽었던 『서유기』의 원전인 현장법사의 『대당서역기』, 김규현 선생의 『혜초따라 5만리』를 인도순례를 다녀와서 읽었다.

베이징에서 마흔여덟 시간 기차를 타고 설역의 심장부, 포탈라궁이 있는 라싸로 가고, 고려 충선왕이 유배 갔고, 스웨덴의 지리학자 스벤 헤딘이 탐험하였던 시가체에도 꿈결처럼 다녀왔다. 다정 김규현 거사님의 저서들을 여행을 앞두고 읽고 또 들고 갔다. 거사님은 여행 후 나의 궁금증에도 자상하게 답해주었다.

중국문명이 인도의 불교문명을 받아들인 역사는 우리의 상상을 뛰어넘는 장대한 모험의 역정이다. 그 길을 답파한 다정 거사님이 5~8세기 문명 전파의 이 거대한 기록을 오늘 한국인의 언어로 풀어내었다. 그 위업을 찬탄하고 함께 기뻐한다.

추 천 의 글

아, 실크로드!

朴允煥(변호사, 전 전주지방검찰청 군산지청장)

고등학교를 다니던 어느 때부터인가 나는 실크로드를 여행하고 싶었다. 대학을 다니고 검사생활을 하면서도 나는 늘 실크로드를 꿈꾸었다. 설산, 말, 사막, 오아시스… 그리고 거기 살았던 사람들과 그들의 남겨놓은 역사 등을….

2006년 변호사 개업을 한 후엔 그쪽으로 가고 싶은 병이 더욱 깊어졌다. 실크로드와 관련된 책을 닥치는 대로 읽고 틈틈이 실크로드 일부인 서안·우룸치·투르판·돈황 등을 다녀오기도 했다.

작년 12월, 티베트 여행을 앞두고 서초동 '예술의전당'에서 '라싸' 특강을 들었는데 그때 강사가 다정님이셨다. 워낙 내용이 충실한 강의였던 터라 님께서 운영하시는 인터넷 카페 '티베트문화연구소'에도 가입하였다.

지난 해 7월에는 바이칼호수 여행을 앞두고 홍천강가에 있는 다정님의 연구소를 찾아 사모님으로부터 맛있는 옥수수를 얻어먹고 님과는 소주도 한 잔했다.

그리고는 그때 사인해서 주신 『혜초따라 5만리』(상·하권)도 9월 말 추석을 전후해서 다 읽었다. 그리고는 다정님의 저서는 모두 읽어야 되겠다는 욕심이 생겨났는데, 마침 고전여행기의 백미인 『대당서역기』를 비롯한 대표적인 다섯 권을 모두 완역하고 각주를 상세하게 붙이는 〈실크로드 고전여행기〉 총서를 출간하신다는 소식이 들려왔다. 정말 반갑고 축하드릴 일이다.

나이 60이 된 지금에도 실크로드의 구석구석을 가보고 싶은 꿈은 여전하다. 나도 역마살을 타고난 노마드의 DNA가 섞여 있는 것일까?

추 천 의 글

단순한 번역서의 차원을 넘는 번역의 '전신(傳神)' 작업

서용(동덕여대 회화과 교수, 한국돈황학회 회장)

다정 김규현 선생께서 이번에 실크로드와 관련된 고전여행기를 집대성한 번역서를 출판하신다는 소식을 접하고 반갑고 고마운 마음까지도 듭니다.

1990년대 중반, 지금부터 십여 년 전 중국 유학생 시절 베이징의 중앙미술학원에서 술잔을 기울이며 인연을 맺은 후 나는 돈황으로, 다정 선생은 티베트 라싸로 홀연히 스며들어가 중국인들도 꺼려하는 오지에서 고행의 길을 자처했던 특이한 사이가 됐습니다. 지인들이 보내준 구호품(?)을 덜어 나눠 보내주며 비록 멀리 떨어져 있지만, 머나먼 이국땅 오지의 한 구석을 지키고 있다는 사실만으로 정신적 동질감을 느꼈던 분입니다.

다정 선생을 처음 만났을 때 여행가라고 자신을 소개 하더니 어느 날엔 판화작가로 활동 하시고 이제는 학자로서 학문적 영역을 넓히시니 다음엔 어떤 모습으로 나타나실지 기대가 됩니다.

이번에 출간하는 '실크로드 고전여행기'는 실크로드 관련 학문의 근간이 되고 있는 비중 있는 다섯 종의 고전여행기들을 집대성했다는 측면에서도 그 의의를 찾을 수 있겠지만 무엇보다 단순한 번역에 그치는 것이 아니고 다정 선생 특유의 부지런함과 성실함으로 일일이 현장을 답사하여 역서를 펴냈다고 하니 그 가치가 남다른 것 같습니다.

중국 남제(南齊) 때 화가이며 화론가인 사혁(謝赫)이라는 사람이 화가의 회화평론 판단의 기본규범으로 6법을 제시하였는데 그 중 '전이모사(傳移模寫)'라는 항목이 있습니다. 그림을 그림에 있어서 선대 화가의 그림을 모사하는 것을 통해 새로운 작품세계를 개척할 수 있다는 것인데, 모사를 할 때 가장 중요한 요소는 단순히 보고 베끼는 것이 아니고 원작자의 정신까지 옮기는 전신(傳神)이 이루어져야 모사작업의 최고의 가치로 인정된다는 것입니다.

다정 선생의 번역서를 접하며 전신(傳神)을 떠올리게 된 것은 그림을 옮기는 것이 모사라면 글을 옮기는 것은 번역인데 이번에 출간하게 된 다정 선생의 책이 단순한 번역서의 차원을 넘어 원작자와 일체가 된 번역서로서의 '傳神'을 이루었다고 생각되기 때문입니다.

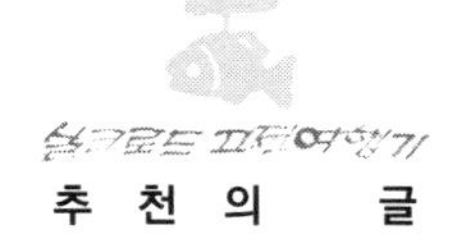

고전여행기의 지도화·코드화는 과거의 시공을 찾아가는 의식의 실크로드

송순현(정신세계원 대표)

홍천강 김 첨지께서 이번에 실로 대단한 일을 하셨습니다. 20년 넘게 티베트와 동북아 고대문화 답사와 연구에 몸 바쳐 오시더니 결국 〈실크로드 고전여행기〉 다섯 권의 주해서를 하나의 총서로 묶어내시니 그 빛나는 정신과 노고에 경의를 표하며 큰 박수를 보냅니다.

특히 고전여행기의 지도화와 고대 지명의 코드화는 과거의 시공을 찾아가는 의식(意識)의 실크로드로서 인류의 오래된 미래를 환히 밝히는 획기적인 업적이 아닐 수 없습니다.

과거 제가 운영하던 정신세계사에서 2003년에 다정 선생님의 노작 『티베트 역사 산책』, 2004년에 『티베트 문화 산책』을 발간한 일이 새삼 자랑스럽게 여겨집니다. 다정 선생님의 메마르지 않는 열정 속에 깃들어 있을 하늘의 뜻을 가늠해보며 누구도 막을 수 없는 그 도정(道程)에 영광이 가득하기를 기원합니다.

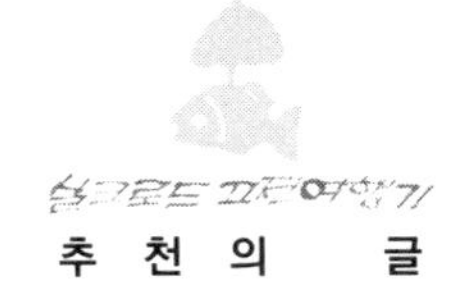

괴물 다정 선생님의 역작에 부쳐

옥영경(자유학교 물꼬 교장)

스무 살에 이르던 어느 한때 '그리스인 조르바' 어디쯤에서 설산에 사는 수도승들에 대한 이야기로부터 티베트에 대한 꿈을 키웠고, 그 길 한 자락이 다정 선생님께로 흘러들어 실크로드까지 이어졌습니다. 그렇게 달포 가까운 날을 다정 선생님을 좇아 서역의 관문인 둔황의 양관(陽關)을 나가서 혜초와 현장이 걸었던 길을 더듬었더랬지요. 당신 아니었으면 제가 어찌 엄두를 냈을 일이라나요.

어깨 걷고 함께했던 그 시간, 한 인간 안에 사는 지식의 거물이 어떻게 그토록 클 수 있는지, 나아가 그것이 아주 작은 떨림도 지나치지 않는 당신의 감성과 만나 어찌나 거대한 신화를 이루던지, 당신이 들려주시는 '한민족의 기원설'과 실크로드를 걷던 옛 여행가들의 이야기는 황홀하기 그지없었습니다.

사마르칸트에서 오페라 라보엠으로 마감했던 그 여행에서 돌아온 얼마 뒤의 여름 끝자락, 선생님은 홀로 다시 파미르고원의 와칸계곡을 둘러보러 길을 떠나셨더랬습니다. 아마도 이런 거창한 작업의 마침표를 찍으시려는 듯이….

"끝 날까지 지극하게 살다가 가는 것"이 오직 소망이라며, 게으르기 짝이 없는 날들을 사는 후대에게 당신의 이번 작업이 얼마나 큰 채찍질인지, 당신의 단단한 걸음들 앞에 부끄럽고 고맙고 감사합니다. 선생님, 정말 애쓰셨어요. 축하드립니다. 사랑합니다!

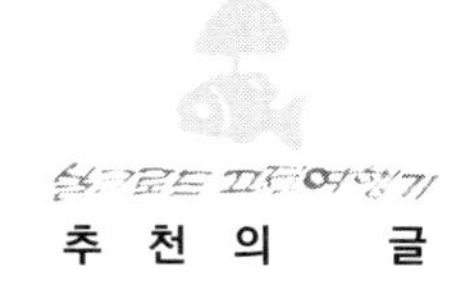

추 천 의 글

길(道)에서 길(道)을 찾다
: <실크로드 고전여행기>에 붙여

유정길(정토회 에코붓다 전 공동대표, 평화재단 기획위원)

나는 다정 선생을 2002년 아프가니스탄 카불에서 만났는데, 당시 국제개발협력 불교NGO인 정토회(JTS)에서 카불지원팀장으로 활동하고 있었을 때였다. 당시 아프간은 23년 동안의 전쟁이 끝난 직후라서 황폐하기 이를 데 없는 상황에 선생님은 위험을 무릅쓰고 아프간을 방문하여 우리단체와 인연이 되었던 것이다.

우리는 불교를 포교할 생각은 없지만 우리가 활동하고 있는 이 간다라 지역의 불교유적에는 관심이 가지 않을 수 없었다. 그래서 우리가 활동 속에 확인했던 카불 북쪽의 탑타라 마을의 스투파, 동남부의 스투파 등 여러 불교유적을 직접 소개해 드린 적이 있었다.

우리는 이 티베트와 실크로드 전문가를 그냥 보낼 수 없었기에 전기도 들어오지 않는 방에서 남포불을 켜고 이곳 간다라 지방의 역사와 유적 등에 대해 『왕오천축국전』 등과 같은 고전들을 종횡무진 아우르는 그의 이야기를 너무도 흥미롭게 들었던 기억이 지금도 새롭다.

당시 선생님은 『佛光』 잡지에 「신왕오천축국전 별곡」을 연재하고 계셨고 이후 아주 재미있게 연재의 글을 읽은 적이 있었다. 아프간에 있었던 4년 동안 여러 번의 메일과 소식이 오갔고 당신이 쓰신 책도 보내주시고 하였지만, 정작 한국으로 돌아온 뒤에도 차

일피일 미뤄 아직도 뵙지 못했던 것이다.

이후 여러 통로를 통해 다정 선생님의 책이나 활동소식을 듣다가 이번에 다섯 종의 책을 번역하셨다는 말을 듣고는 정말 감탄을 하지 않을 수 없었다. 선생님은 티베트전문가이기도 하지만 실크로드를 누구보다 많이 다니셨던 분으로 이미 여러 권의 책을 내셨던 분이다. 집필에 대한 그의 열정과 노력도 대단하거니와 더욱이 이번 다섯 종의 번역서는 단순히 고전의 언어를 번역한 것이 아니라 현장스님과 혜초스님이 다니신 곳을 당신이 직접 다니며 발로 확인하며 번역한 글이기 때문이다. 티베트의 문화와 실크로드에 대해 이리도 광범하고 집중적인 다수의 집필과 번역의 역작을 만들어내신 분이 동 시대에 함께 있다는 것만으로도 우리는 큰 행복을 누리고 있는 것이다.

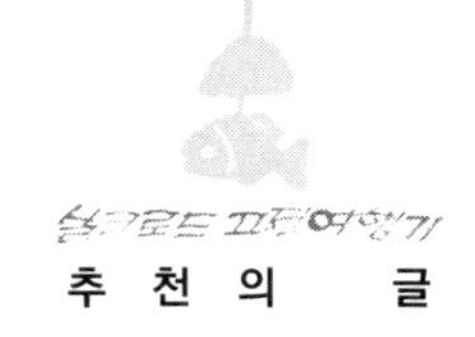

추 천 의 글

바람이 다니는 영혼의 길목에서

유진규(춘천국제마임축제 예술감독, 마임니스트)

먼저 〈실크로드 고전여행기〉 완역이라는 장대한 작업의 끝맺음을 축하드린다. 몇 년 전인가? 다정 선생의 안내로 차마고도 언저리를 여행할 때다. 티베트 쪽으로 다가갈수록 오색영롱한 깃발인 '룽따'들이 눈에 띄기 시작했다. 고원지대를 지나는데 파란 하늘 아래 흩날리는 아름다운 빛깔의 그 깃발들은 정말로 눈부셨다.

온갖 모양으로 산꼭대기에, 중턱에, 계곡에, 물가에 꽂혀 있는 것을 보다보니 궁금한 생각이 들었다. 저것들이 곳곳에 있는데 장소와 무슨 관계가 있는가? 선생께 물었다.

대답은 "영혼이 지나가는 길목에 룽따를 매달아 놓는다"는 것이다.

영혼의 길목… 그곳은 바람이 다니는 길이었다. 이곳 사람들은 바람이 영혼인지 아는 사람들 이었다. 영혼이 지나다니면서 경을 읽을 수 있도록 '바람의 경전(風馬經)'-룽따를 펼쳐놓은 것이다.

그것을 찾아다니다 보면 그것을 닮아갈 수밖에 없다. 그래서 선생은 매년 자신이 만든 룽따를 티베트에 갈 때마다 걸어 놓는다고 했다. 그리고 그의 우거인 홍천강변의 수리재(水里齋)에도 걸어 놓았다. 속세에 살지만 그 속세를 영혼의 바람에 씻는 선생의 삶이 바람을 그냥 바람인 줄로만 아는 우리에게 전하고 싶은 것은 무엇일까?

내 속세의 때를 선생의 바람에 잠시 씻어본다.

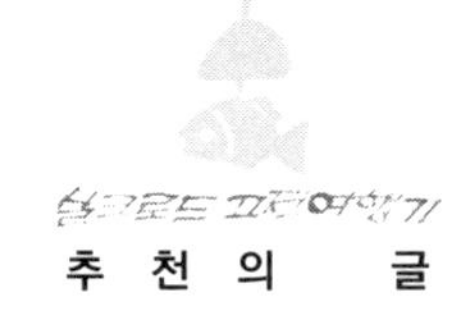

고대 인도 불적(佛跡) 여행기의 집대성

윤창화(불교출판협회 부회장, 민족사 대표)

다정 선생님의 〈실크로드 고전여행기〉는 7세기 중국 당(唐) 현장법사의 순례기 『대당서역기』와 8세기 신라 승 혜초(慧超)의 『왕오천축국전』 등 인도 불적(佛跡)을 다룬 여행기 다섯 종을 집대성시킨 것으로 우리나라에서는 보기 드문 대작이라고 할 수 있다.

10여 년 전 불교방송에서 책을 소개할 적에 마침 다정 선생님의 『티베트 역사산책』(정신세계사, 2003)이 나와서 깜작 놀라 소개한 적이 있었는데, 이때부터 이미 다정 선생님은 티베트 등 실크로드 주변을 답사하고 있었다.

이 책은 다섯 종의 인도 고전여행기를 모두 역주한 것이지만, 그렇다고 단순한 역주서가 아니다. 이 책은 철저한 고증과 검토, 그리고 현장을 답사하여 옛 지명과 지금의 지명을 함께 표기해주고 있다. 또 각종 관련 지도를 삽입하여 살아 있는 여행기로서 현재적 의미를 살리고 있어서 더욱 돋보인다. 시간을 뛰어 넘어 고대와 현재를 연결시켜서 생동감을 주고 있는 점은 이 책의 또 하나의 특징임과 동시에 다정 선생의 탁월한 안목의 결과라고 할 수 있다.

특히 다정 선생님의 명언인 "모름지기 번역이란 원저자가 전하고자 하는 요점을 잘 파악하여 제 3의 언어로 정확하게 오롯이 옮기는 작업"이라는 말은 모든 번역자가 귀감으로 삼아야 할 지침이다.

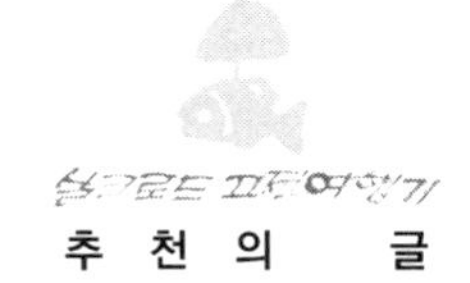

추 천 의 글

다정 선생과의 인연담

李光軍(中國 魯迅美術大學 敎授, 美術史博士)

삼장법사(三藏法師)의 『대당서역기(大唐西域記)』를 비롯한 다섯 종류의 고전들은 중국의 전문학자들도 어렵게 여기는 방대한 분량의 고전 중의 고전들인데, 이런 옛 문헌들을 시대에 맞게 현대 한국어로 번역하고 각주(脚註)를 달아 전집으로 묶어 출간을 하게 되었다니 어찌 경사스러운 일이 아니겠습니까?

더구나 책 서두에 부록으로 붙어 있는 방대한 '사조지로(紗繰之路)', 즉 한국어로 '비단길'의 상세한 지도를 보니 더욱 그러하다고 생각됩니다. 사실 중국 본토에서도 '사조지로 지도'는 그리 여러 루트로 세분되어 있지 않습니다. 그런 것을 다정 선생은 무려 22가지로 분류하여 차례로 상세하게 지도를 만들고, 노정별로 그 루트를 설명하였습니다. 이는 아무나 할 수 없는 장대(莊大)한 작업이라 하겠습니다. 실로 옛 고전을 두루 섭렵한 박학다식한 실력과 자조지로를 두 발로 주파한 경험을 겸비한 내공이 없으면 할 수 없는 일이라 하겠습니다.

제가 다정 선생을 처음 만난 때는 1993년 베이징 왕푸징의 중앙미술대학(中央美術大學)에서였는데, 당시 선생은 젊지 않는 나이로 중국에 와서 수인목판화(水印木版畵)를 어렵게 전공하고 있었습니다. 그러면서도 틈틈이 티베트(西藏), 둔황(敦煌), 신장위그르자치구(新疆维吾尔自治區) 등 극지를 홀로 돌아다니곤 했습니다. 아마도 그때부터 '사조지로'를 연구하여 20년 후 오늘날의 준비를 하였구나 생각하니 새삼 그 열정과 집념에 감탄사가 절로 생기며 마음속으로부터 축하의 말씀 드립니다.

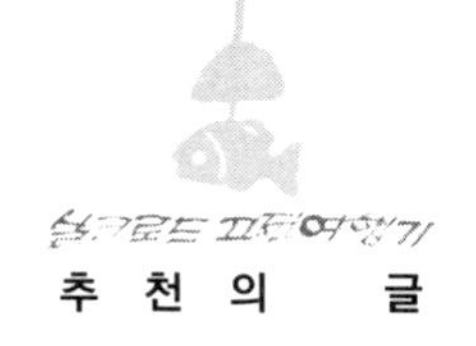

추 천 의 글

아직 늦지 않았다네. 새로운 길을 찾아 떠나게

이상기(한국외국어대학교 대우교수)

"아직 늦지 않았다네. 새로운 길을 찾아 떠나게." 이게 다정 김규현 선생이 젊은 친구들에게 던지는 메시지다. 그는 이번에 내놓은 〈실크로드 고전여행기〉 총서를 통해, 젊은이들에게 새로운 길을 찾아 나설 것을 부탁한다. 이 책에는 64세의 나이에 실크로드를 따라 서역만리 길을 떠난 법현스님 이야기도 나오고, 국경통과를 불허한 황제의 명을 어기고 옥문관을 돌파한 현장스님 이야기도 나온다. 이들은 삶이 한 편의 여행이라는 생각에서 망설임 없이 새로운 길로 떠났던 것이다.

신라 출신의 혜초스님은 또 어떤가? 해로를 통해 천축에 갔다 육로로 돌아오는 새로운 루트를 개척했다. 이처럼 종교와 문화를 받아들이고 전파하려는 선각자들 덕분에 실크로드라는 새로운 길이 만들어졌다. 지금까지 실크로드는 3대 간선과 5대 지선으로 분류되어 왔다. 그러나 다정 선생의 〈실크로드 고전여행기〉 총서에서는 실크로드가 11개 루트와 22개 갈래로 확대되었다. 그리고 그것이 지도를 통해 상세하고 일목요연하게 정리되었다. '실크로드 갈래길 총도'가 만들어졌고, '파미르고원 횡단도'가 만들어졌다.

그뿐만이 아니다. 다정 김규현 선생은 이들 여행기에 나오는 모든 지명을 데이터베이스화하였다. 그리고 그 지명을 과거에서 현재까지 역사적으로 정리하고, 한자와 영어 표기를 부가하였다. 그는 이것을 지명의 코드화라고 말한다. 그럼 지도화와 지명의 코드화를 추구한 그의 의도는 무엇일까? 바로 이 총서가 실크로드 여행의 가이드북이 되기를 바라기 때문이다. 이처럼 그는 번역과 역주라는 기존의 참고서에서 한 발 더 나가고 있다.

서양문학을 전공한 필자는 타클라마칸 사막 북쪽의 서역북로를 겨우 여행했을 뿐이다. 그렇지만 앞으로 파미르 고원을 넘어 인도까지 여행의 범위를 확대하려고 한다. 그렇다면 이 총서에 의지하지 않을 수 없다. 시대정신의 산물인 〈실크로드 고전여행기〉 총서 발간을 진심으로 축하드린다. 그리고 조만간 다정 김규현 선생과 함께 그 길을 걸을 수 있기를 희망해본다.

추 천 의 글

실크로드 고전여행기 출간을 축하하며…

이외수(작가)

멀고 먼
비단길에
한 생애
모든 꿈을 묻고
돌아오다

다정 세상의
실크로드 고전여행기
출간을 축하하며
이 외수

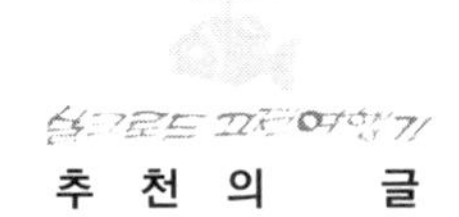

추 천 의 글

만행(萬行)의 방랑길에서 싸가지고 돌아온 한 보따리 선물

李仁秀(대구교육대학교 음악과 교수)

저는 불교나 역경 그리고 실크로드에 대해서는 잘 모릅니다만, 인간 다정(茶汀)은 잘 안다고 생각합니다. 다정과 나는, 물론 지연(地緣)이나 학연(學緣) 같은 연결고리는 없지만, 동갑의 나이로 지난 40여 년 동안 같이 음풍농월하며 세월을 보낸 '풍류벗'이기 때문입니다.

자유로운 영혼을 가진 탓인지, 역마살(驛馬煞)을 타고난 것인지, 그간 다정의 삶은 한 곳에 안주하지 않고 출가수행자로, 우리차(茶) 연구가로, 화가로, 티베트문화연구가로 그리고 홍천강변 수리재(水里齋)의 농사꾼으로, 수차례 변신을 거듭하였습니다. 그러면서도 그 세계에서 한 획을 그어왔지만, 그래도 한결같이 '자유로운 영혼'이란 울타리 세계 밖으로는 나오지는 않는 어찌 보면 외골수의 삶을 살아왔다고 보여집니다.

이제 그 오랜 인생이란 이름의 방랑길에서 돌아오면서 그는 한 보따리 귀중한 선물을 우리들 앞에 내려놓았습니다. 바로 〈실크로드 고전여행기〉 총서입니다. 박학다식한 재주꾼이 인생이란 나그네 길을 거의 완주한 경륜을 실어서, 세상에 내놓은 마지막 혼신을 다한 보따리이기에 이번 그의 작업은 더욱 귀중한 것이 아닌가 여겨집니다.

"다정! 수고했소. 그러나 이제는 좀 쉬시게나~"

추 천 의 글

다정 형님의 <실크로드 고전여행기> 발간을 축하드리며

장영기(수원대 환경에너지공학과 교수)

다정 형님과 나는 같은 DNA의 일부를 공유하고 있는 사촌지간이다. 또한 내가 어릴 때 원주 인동 고택에서 형님은 빡빡 머리 중학생으로 나는 코흘리개로 함께 생활하여 추억의 일부도 공유하고 있다.

그때 형님은 내가 필요한 놀이기구를 조르면 그것을 만들어 함께 놀아주던 우상이었다. 겨울이면 팽이, 연, 썰매 등이 형님 손에서 뚝딱 만들어지고, 나는 그것을 가지고 손이 꽁꽁 얼도록 뛰어다니던 추억이 있다.

그 후 형님은 출가와 환속을 거쳐 마곡 수리재에 정착한 듯하였으나 형님의 책들을 보면 아직도 영혼은 한 곳에 머물기를 거부하는 것 같다. 항상 여행자임을 고집하며 다른 사람까지 여행으로 유혹하고 있다.

나도 수년 전 중국 서부 실크로드의 둔황을 여행한 적이 있다. 끝없이 펼쳐진 사막과 세월의 풍광에 바랜 막고굴의 불교유적, 그리고 명사산의 오아시스.

그때의 감동은 여행이란 지리적으로 돌아다니는 것뿐만 아니라 시간을 돌아다니는 것일 수도 있다는 것을 느끼게 해주었다.

형님의 이번 고전여행기를 보니 지도까지 곁들여 더욱 억누르고 있던 여행 DNA를 자극하고 있다.

책의 한 구절처럼 앞서 길을 걸던 사문들이 우리들에게 시간과 공간을 뛰어 넘는 유혹을 하고 있다.

"젊은 친구! 우리는 모두 여행자 아니었던가. 아직 늦지 않았다네. 자 이제 다시 흰 구름을 따라 길 떠나보지 않겠나."

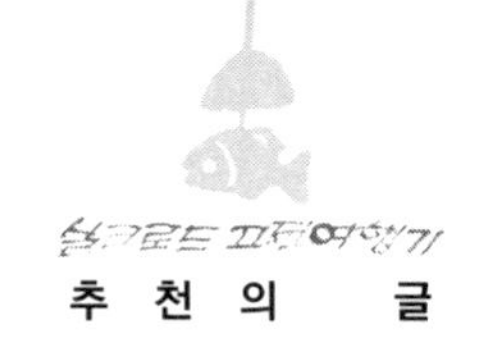

추 천 의 글

<실크로드 고전여행기>를 통해 꿈꾸던 내 길 하나 찾을 수 있으리라…

전상국(소설가)

오래 전 홍천강 '수리재'에서 다정 김규현을 만난 뒤 내 오랜 꿈이었던 티베트 여행 계획을 슬그머니 접었다. 이 사람만큼 티베트를 볼 수 없다는 절망이었다. 다정이 바로 티베트였던 것이다. 티베트 고원의 신비를 얘기하는 그의 눈빛에서, 그가 그린 탕카 속에 티베트의 혼불이 타오르고 있었다.

드디어 그 혼불이 일을 냈다. 인류역사상 최고·최대의 5대 인도 여행기를 원전을 넘어서는 오묘한 깊이의 필치로 엮어 묶어낸 일이다.

이 방대한 기획의 〈실크로드 고전여행기〉는 신라의 혜초, 당의 현장 등 기록으로 전해지는 순례승들이 파미르고원 모래 바람과 대설산을 넘던 고행 속의 그 법열이 생생히 전해지는, 고대에서 현재로 통하는, 업그레이드된 인도 여행의 가이드북 완결판, 그 방면 자료의 보고(寶庫)이다.

이 책이 더욱 소중한 것은 옛 순례승들 못지않은 열정으로 오늘도 그 길을 샅샅이 누비고 있는 다정 김규현의 숨결, 그 철학이 책 갈피갈피에 짙게 배어 있음의 발견이다.

〈실크로드 고전여행기〉를 통해 꿈꾸던 내 길 하나 찾을 수 있으리란 기대로 가슴 설렌다.

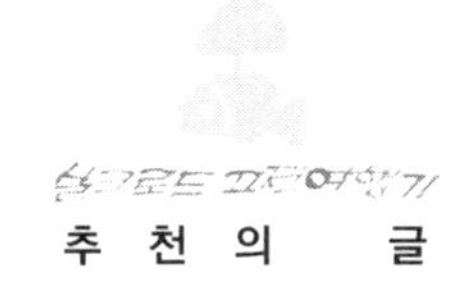

영원한 자유인, 김규현을 말한다

전인평(중앙대 교수, 아시아음악학회 회장)

김규현은 영혼과 몸이 자유로운 사람이다.

제도권에 들어가 편안한 월급쟁이로 살아봄직도 하지만, 그는 한 번도 대학이나 연구소에 들어가 매인 생활을 한 적이 없다. 이렇게 자유로운 생활을 하지만 스스로를 채찍질하며 부지런히 사는 분이다. 그 성과는 『티베트 문화 산책』 등 수많은 저서로 나타나고 있다.

김규현은 미개지를 찾아가는 선구자이다.

그냥 가보는 것도 어려운 티베트에 가서 현지 문화를 연구하고, 한편으로는 카일라스산에서 세계 최초로 전시회를 하기도 하였다. 그리고 티베트 사랑에 빠졌다. 그 열매는 티베트문화연구소의 창립과 활동으로 많은 성과를 내고 있다.

김규현은 훌륭한 문화해설가이다.

그의 저서 제목을 보면 하나같이 어려운 테마를 잡고 있다. 그런데 이 어려운 주제가 김규현의 손을 거치면 중학생도 읽을 만한 쉬운 책이 된다. 그의 손은 미다스의 손이다. 가장 어려운 내용이 그의 손을 거치면 가장 쉬운 대중적인 표현으로 살아난다.

김규현은 소박한 시골 아저씨이다.

이처럼 엄청난 일을 하면서도 전혀 권위를 내세우지 않는다. 시골에서 농사짓는 편안한 아저씨의 풍모로 다가온다. 실제는 그는 농사를 지으며 살고 있다. 언제나 따스한 웃음으로 대하는 김규현 선생을 보면 저절로 마음이 열리고 편안해진다.

이제 〈실크로드 고전여행기〉 총서 다섯 종을 간행한다고 한다.

그 어려운 한자 문헌을 모조리 뒤져 번역을 하였다고 한다. 일천오백여 년 전의 여행기록이 이제 김규현의 손으로 생생한 현대어로 살아난다고 하니 기대가 크다. 여러 사람이 이 책으로 티베트를 더욱 사랑하게 될 것이다.

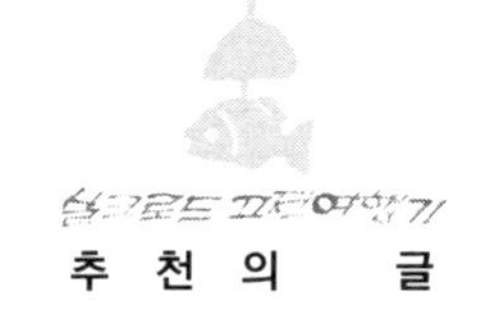

추 천 의 글

<실크로드 고전여행기> 총서의 출간을 진심으로 축하드리며

桐普 鄭大錫(서울대학교 국악과 교수, 거문고 협주곡 <수리재> 작곡가)

너무나도 빠르게 지나가는 세월 속에, 많은 이들이 그저 쉽게 습득하고 얻어지는 지식과 정보에 익숙해져 가고 있는 세상입니다. 그러나 보통 사람들로선 그 고통의 시간을 이겨내기 어려운 작업을 소걸음으로 한 걸음씩 묵묵히 걸어가는 사람도 있습니다.

내 오랜 풍류의 벗인 다정(茶汀)화백도 그런 사람 중의 하나일 것입니다. 그런 그가 오랜 세월 동안, 티베트고원과 실크로드의 험난한 사막 등을 답사하며 직접 차근차근 쌓아온 경험을 승화시킨 〈실크로드 고전여행기〉 총서를 무려 다섯 종이나 동시에 출간한다고 합니다. 우선 그 방대한 분량과 시대정신이 투영된 업그레이드된 해제문 모두에서 눈길을 거둘 수 없게 합니다.

다정의 이번 역저는 우리가 한 번에 얻을 수 없는 여러 경로를 통한 무한한 노력 속에 얻어진 것으로 우리 인간의 모든 마음을 담고 있는 듯합니다. 절대 경험해보지 않고는 느낄 수 없는 수많은 인생의 경로를 이 책을 통해 간접적으로 매우 친밀히 느껴볼 수 있게 하며 삶의 본질이 되어야 할 믿음과 신뢰를 다시금 회복시켜 주는 보물같이 귀중한 책이라 생각합니다.

이 총서의 출간을 진심으로 축하드리며 모두에게 이 책과 깊은 인연이 맞닿길 간절히 바랍니다.

추 천 의 글

술이작(述而作), 학수겸행(學修兼行)

정수일(동서문화교류연구소장)

'술이작'과 '학수겸행'을 몸소 수범하신 다정 김규현 선생께서 20여 년 동안 갈고 닦아온 〈실크로드 고전여행기〉 총서 역주본을 내놓으셨습니다. 이에 마음속 깊은 경의와 축하를 드립니다.

'술이작'은 『논어』에 나오는 "술이부작(述而不作)"에 대한 역설입니다, 즉 선인의 학설이나 이론을 서술해 밝힐 뿐만 아니라, 새로운 것을 창작한다는 말입니다. 『주희집주(朱熹集注)』에도 "술 전구이이 작 즉창신야(述 傳舊而已 作 則創新也)"라고 그렇게 풀이하고 있습니다.

이 역작에서 다정 선생은 선학들이 행한 다양한 역주를 단순하게 취사선택하거나 모아 밝힌 것이 아니라, 나름대로의 고증과 시정으로 창신을 기했습니다. 특히 선생은 고산대천을 발섭(跋涉)하면서 선인들 그 누구도 해내지 못한 저자들의 행로를 구체적으로 밝혀내고 비정했으며, 그것을 세세히 지도에 앉혀 이해력과 현장감을 더했습니다. 이렇게 선생은 '술이작'의 탐구력을 유감없이 발휘했습니다.

다정 선생은 배움[學]과 닦음[修]을 겸행(兼行)하면서, '한 나무 아래 사흘을 머물지 않는', 늘 새것을 추구하는 구지와 구도의 나그네입니다. 구지와 구도는 별개가 아니라 하나입니다. 하나일 때, 비로소 배움과 닦음에 공히 천착할 수 있습니다. 선생과는 혜초

연구를 통해 학연을 맺어왔습니다. 5만 리 역정에서 혜초의 참을 구득하셔서 『대하 로드 다큐멘터리: 신왕오천축국전』이란 누진한 훍 묻은 책을 펴냈습니다. 혜초 연구에서 미제로 남아 있는 입적처를 함께 밝히자면서 친히 모은 귀중한 자료를 서슴없이 보내왔습니다. 그리고 항시 허심탄회하십니다. 학문에서의 겸허는 윤리적 미덕에 앞선 성공의 비결입니다. 다정 선생이야말로 그 체현자이십니다.

다정 선생은 늘 자신은 학자가 아니라고 낮춰 말씀하십니다. '학자비별(學者非別)', 즉 학자란 별 사람이 아닙니다. '배움'이란 화두를 집요하게, 정말로 닳도록 집요하게 틀어쥐고 '술이작'할 때, 학문적 성과가 이루어지고, 그래서 대작이 나오게 되는 법입니다. 이것은 마냥 오늘의 다정 선생을 두고 하는 말 같습니다. 이른바 학벌만이 곧이곧대로 학자의 잣대가 되는 것은 결코 아닙니다. 오히려 학벌타령은 자학(自虐)이 될 수 있습니다.

다시 한 번, 다정 김규현 선생의 노고에 감사하면서, 더 빛나는 학문적 업적이 이루어지기를 두 손 모아 기원하는 바입니다.

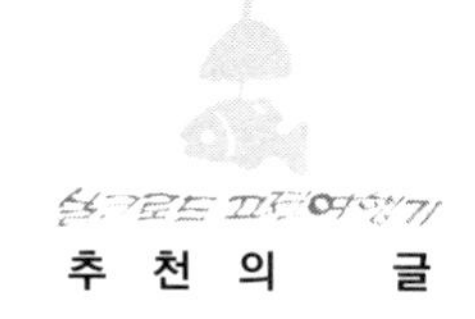

추 천 의 글

소걸음으로 만 리 길을 가다

雪山 鐵眼(문경 대승사 선원 수좌)

비로자나 법신불(法身佛)께 귀의합니다.

고대 천축국(天竺國)을 순례한 순례자들이 쓴 방대한 고전을 모두 완역하여 출간하는 〈실크로드 고전여행기〉 번역총서는 질적, 양적으로 모두 큰 의미를 지닌다고 하겠습니다.

우선 그 분량만 보더라도 장대한 작업으로 불교종단 차원의 역경원 같은 큰 연구기관에서도 힘이 벅찬 작업량인데, 그것을 일개 개인이 20여 년이란 오랜 세월을 거쳐 해냈다는 것은 찬탄을 금할 길 없습니다. 본인의 출가본사가 한글역경불사의 거점인 봉선사(奉先寺)이기에 더욱 그러합니다. 비유하자면, 마치 "소걸음으로 만 리 길을 가다"라는 구절이 어울리는 일입니다.

더구나 오래된 고전을 시대정신에 맞는 언어로 번역하고 또한 고대의 지명을 철저한 현장 확인과 고증을 거처 현대의 지명으로 코드화한 작업 그리고 본인도 쿰부히말 티베트 스님들의 여정을 찾아다닐 적에 지도와 선배들의 정보가 큰 도움이 되었습니다.

그러나 그 옛날 구법승들은 먼저 목숨을 걸고 걸쳐간 선배들의 뼈와 해골을 이정표 삼아 구법의 길을 가셨습니다. 그 길을 다정거사께서 혜초스님, 현장법사 같은 고대 구법승들이 걸어갔던 그 행로를 꼼꼼히 여러 장의 지도로 만든 것은 일찍이 그 누구도 해내지 못한 쾌거라 더욱 감동을 줍니다.

본인은 다정화백과 해인사 시절부터 인연을 맺어 어언 40여 년이 되어 갑니다. 그 오랜 세월 곁에서 지켜본 바로는 그간 다정의 삶은, 비록 가정을 이루고 세간에 머물고 있어도, 마치 진리를 추구하는 수행자의 모습과 다르지 않게 한결같이 화두를 놓지 않고 있었기에 마침내 오늘의 대작불사(大作佛事)를 회향하지 않았나 여겨집니다.

현대의 수행자들에게 이 책은 필독서로서 그 옛날 구법승들의 열정과 마음을 읽을 수 있는 소중한 책으로 권해드리는 바이며, 다정거사님의 그간의 노고에 위로와 아울러 축하의 말씀도 함께 전하는 바입니다.

추 천 의 글

언젠가 나도 그를 따라 티베트 고원에 홀로 서 있지 않을까?

최돈선(시인)

다정은 화가이나 또한 티베트 역사를 섭렵한 사람이다. 거의 이십여 년을 티베트 이곳저곳을 여행했다. 그는 인생에서 가장 중요한 시기를 티베트에서 보냈다. 그는 티베트와 관련된 많은 책을 썼다. 그의 책은 티베트 연구에서 핵심적인 텍스트로 되어 있다.

오래 전 일이다. 다정이 티베트에서 돌아온 지 며칠 지난 후다. 전기 합선으로 홍천 수리재가 몽땅 불에 타 없어졌다. 내가 달려갔을 때 그는 불탄 잿더미 곁에 앉아 있었다. 아직 타지 않은 잉걸불이 가느다란 연기를 피워 올렸다.

다정이 나를 보고 말했다.

"책이고 티베트 자료고 뭐고 다 탔어. 근데 불타는 중에 건진 게 있어. 아들의 컴퓨터와 그림 한 장. 이 그림 최 시인이 말하던 조장 그림이야. 당신 줄려고 했던 거야."

그림엔 죽은 자가 반석 위에 누워 있고 독수리들이 주위를 에워싸고 있었다. 스님 한 분이 염불을 하고 있었다. 가느다란 향불이 파리하게 솟아올랐다. 난 그 그림을 가져왔다. 우린 더 이상 아무 말도 하지 않았다.

그리고 세월이 흘러 다정은 수리재를 손수 재건축하고 또 다시 티베트 방랑길이 들어섰다. 그는 죽을 때까지 티베트를 여행할 것이다. 그는 티베트를 연구하고 티베트를 사랑할 것이다. 나는 다정의 그런 역마살을 존경하고 그리워한다. 언젠가 나도 그를 따라 티베트 고원에 홀로 서 있지 않을까 하는 꿈을 꾸면서…. 세상일은 알 수 없는 것이다.

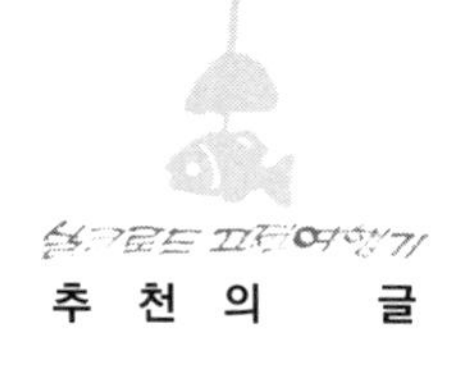

추 천 의 글

사람은 옛사람이 좋고 물건은 새것이 좋다

현각(원주 성불원 회주)

"사람은 옛사람이 좋고 물건은 새것이 좋다"는 말이 있습니다.

다정 김규현 선생과 처음 만난 지도 40년이 훌쩍 넘는 세월이 흘러서 이제는 서로가 삶의 흔적이 여기저기 묻어나는 나이가 되었네요.

가야산 해인사에서 함께 했던 지난날들이 때로는 삶을 지탱하는 중심이 되기도 하고 때로는 돌아가고픈 고향이 되기도 합니다.

해인사를 떠난 이후 간간이 소식을 접할 때면 예술가로 문필가로 활동을 하시다가 언제부터인가 티베트에 관심을 갖고 서역의 전문가가 되어서 내가 살고 있는 강원도에 터를 잡아 절친한 이웃이 된 것은 아마도 전생의 인연이 계속되고 있다는 생각이 듭니다.

실크로드는 수행자로 반드시 가야 하는 길이기에 해인사에서 함께 수학하던 도반들과 꿈같이 다녀왔는데 이번에 다정 선생의 역작을 통하여 다시 길을 떠나는 느낌을 갖게 됩니다.

그간의 노고에 깊이 경의를 드립니다.

<실크로드 고전여행기> 총서의 발간을 축하하며

황병기(작곡가, 대한민국예술원 회원)

젊은 시절 '실크로드'처럼 나를 설레게 한 주제가 없었다. 그래서 1977년에 〈비단길〉이라는 가야금 곡을 작곡하기도 했다.

이번에 김규현 선생이 〈실크로드고전 여행기〉 총서를 낸다니 참으로 반가운데, 그 내용을 훑어보니 가히 압권이라는 생각이 든다. 한 권만 해도 대단한데 총 5권을 번역하고 더구나 현지를 답사하면서 지도까지 만들었다니 실로 놀랍다.

우리 모두가 기다리던 고전 중의 고전이어서 빨리 읽고 싶은 마음이 앞선다. 김규현 선생의 노고를 치하하고 그가 이룬 위업에 존경의 뜻을 표하고 싶다.

파미르고원 횡단도

<파미르고원 횡단도 정식명칭>

9. 파미르 횡단로(Pamir横斷路)
- (9-1) 사리쿨 고개길(Sari-kul Pwy)
- (9-2) 와칸주랑 북쪽길(Wakhan Corridor north way)
- (9-3) 와칸주랑 남쪽길(Wakhan Corridor south way)
- (9-4) 다르코트 고개길(Darkot Pwy:高仙芝路)
- (9-5) 쿤제랍 고개길(Khunjerab Pwy)
- (9-6) 카라코람 고개길(Karakoram Pwy)

아무다리아강
타지키스탄 두산베
(파미르하이웨이
PARMIR HIGHWAY)
3-6
TAJIKISTAN
3-6
QATARKOHI WAKHAN
야실쿨호수(Yasil-kul Lake)
9-1
조르쿨마을
조르쿨호수(Zo
빅토리아호수
BADAKHSHAN
아비이판자강(Ab-i-Panja)
호로그(Khorog)
토가르카키
(Togarkaki)
3-6
파미르 하이웨이(P.hwy)
파미르천(Parmir River)
카르구쉬
(Khargush)
BIG PARMI
(6,421M)
9-2
화이자바드(Faizabad)
종(Zong)
WAKHAN CORRIDO
와칸천(Wakha River)
바로길
(Barogi
9-3
발흐
쿤두즈(KUNDUZ)
이스카심
(Iskashim)
괄라판자(Qala Panja)
칸두드(Khandud)
이스카셈
(Iskasham)
9-4
AFGANISTAN
HINDU KUSH RANGE
NWFP
CHITRAL
PAKISTAN
치트랄(Chitral)
Line Of Control

범례
- 산맥
- 국경
- 분쟁국경
- 강
- 고개
- 도로 방향
- 마을
- 중요도시
- 산
- 유적지
- 9-1 ~ 9-6 파미르횡단지도 번호
- 3-6 실크로드총도 번호

인더스하
KOHISTAN
스와트강(SWAT River)
샹그라고개
(Shangla Pass)
9-5
카라코람 하이웨이(KKH)
쿤나르강(Kuar River)
니모그람유적지
(Nimogram)
부트카라유적
(Butkara)
아보타바드(Abottabad)
상게다르수트파
(Shangerdarstupa)
페샤와르(PASHAWAR)
이슬람아바드(ISLAMABAD)